発音の鬼 DJリチャードが教える!

TOEIC® L&Rテスト 単語王

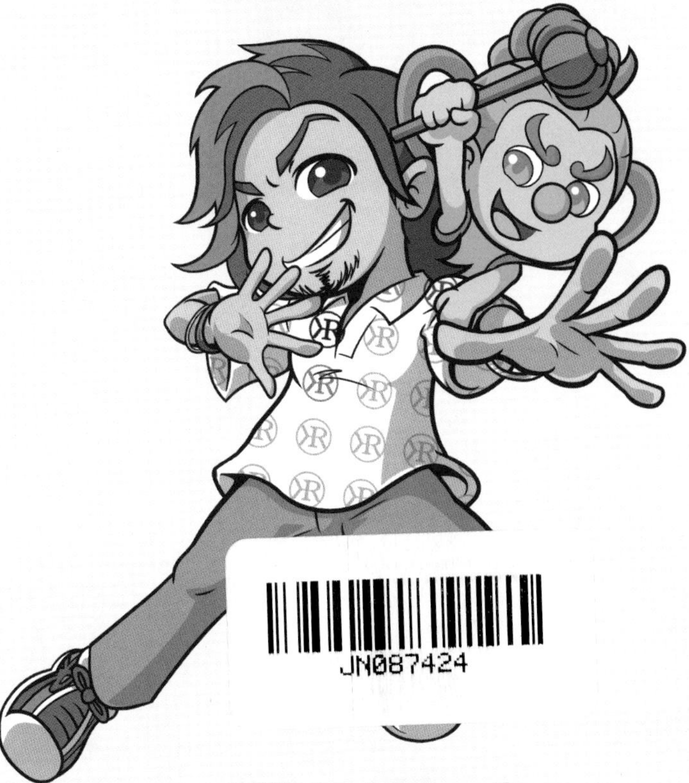

リチャード川口

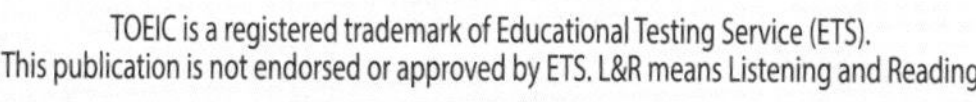

バンクーバー
受講生たちの
月平均180点

の名門校で
TOEICスコアを
上げた
の教材
授業となって
復活
単

ようこそ！
カン カン☆
カン カン
カン☆
カカカ…
単語王の世界へ！
001
カン☆

どーもー！
助手の
たんごくん
やでっ！
どうもっ！
著者の
リチャード川口
ですっ！
ドオン！

…とにかく！
単語王
この本はね、
わからん、
ノリで言って
しもた♪
えっ、たんごくん
って助手だったの？

「単語王」
という伝説の教材が
書籍となり蘇った！
というもの！！
1ヶ月でUP！
180
points
TOEIC
おれがバンクーバーで
TOEIC®L&Rテスト
を教えていた時に
生徒の平均スコアを
一ヶ月で180点上げていた

まさかこうやって
実際に目の前に現れて
くれる日がくる
とはね〜

新鮮だ〜

2次元に来たのは
そっちの方やけどな

カンサイ弁
だったんだ〜

イタい
イタい…

ほなっ！

本書の実用的な単語の覚え方！
説明していきまんねんでぇ〜っ！！

無理して
合わせんで
えーで…

CONTENTS

単語王レベル

単語王ポイント（TP）を獲得して、ランキングを駆け上がれ！

20,000 TP　単語神
19,000 TP ~ 単語王
18,000 TP ~ 単語大将軍
17,000 TP ~ 単語マスター
16,000 TP ~ 単語博士
15,000 TP ~ 進撃の単語
14,000 TP ~ 単語の鬼
13,000 TP ~ 単語の達人
12,000 TP ~ 単語セレブ
11,000 TP ~ 単語侍
10,000 TP ~ 単語の鉄人
9,000 TP ~ 単語ハンター
8,000 TP ~ 単語職人
7,000 TP ~ 単語芸人
6,000 TP ~ 単語中毒
5,000 TP ~ 単語通
4,000 TP ~ 単語愛好家
3,000 TP ~ 単語野郎
2,000 TP ~ ヒラ単語
0 TP ~ かけだし単語

TP 単語王ポイントとは

TOEICテストのスコアアップにつながる単語力、文法力などの定着度を計る、本書独自の指数です。TOEIC頻出語の「見出し語」を中心に「言い換え語」「関連語」「関連語の言い換え語」「(例文中のTOEIC)デル単」をセットにした、105の単語カードで学習を進め、Unitごと、Cycleごとのテストコーナーで腕試しをして、右ページの学習記録シートを利用して単語王ポイント（TP）を貯めてください（詳しくはp.8参照）。獲得TPで「単語王ランキング」の称号が決まります（上記参照）。"単語王"を目指して学習を進めてまいりましょう！

単語王 第　回戦

※ダウンロードセンターでPDFを提供しています（p.23参照）。

Round	Pages	Cycle 1	Cycle 2	Cycle 3
Unit 1	Pop Quiz	TP	TP	TP
	単語テスト	TP	TP	TP
	TOEIC形式問題	TP	TP	TP
	使ってみよう！	TP	TP	TP
	❶**Unit 1**合計	TP	TP	TP
Unit 2	Pop Quiz	TP	TP	TP
	単語テスト	TP	TP	TP
	TOEIC形式問題	TP	TP	TP
	使ってみよう！	TP	TP	TP
	❷**Unit 2**合計	TP	TP	TP
Unit 3	Pop Quiz	TP	TP	TP
	単語テスト	TP	TP	TP
	TOEIC形式問題	TP	TP	TP
	使ってみよう！	TP	TP	TP
	❸**Unit 3**合計	TP	TP	TP
Unit 4	Pop Quiz	TP	TP	TP
	単語テスト	TP	TP	TP
	TOEIC形式問題	TP	TP	TP
	使ってみよう！	TP	TP	TP
	❹**Unit 4**合計	TP	TP	TP
Unit 5	Pop Quiz	TP	TP	TP
	単語テスト	TP	TP	TP
	TOEIC形式問題	TP	TP	TP
	使ってみよう！	TP	TP	TP
	❺**Unit 5**合計	TP	TP	TP
Unit 6	Pop Quiz	TP	TP	TP
	単語テスト	TP	TP	TP
	TOEIC形式問題	TP	TP	TP
	使ってみよう！	TP	TP	TP
	❻**Unit 6**合計	TP	TP	TP
Unit 7	Pop Quiz	TP	TP	TP
	単語テスト	TP	TP	TP
	TOEIC形式問題	TP	TP	TP
	使ってみよう！	TP	TP	TP
	❼**Unit 7**合計	TP	TP	TP
❽大単語テスト		TP	TP	TP
Cycle TP	（❶～❽の合計）	TP	TP	TP
総合結果		**TP／称号：**		

学習の進め方

❶まずは、TOEICテストでスコアアップするため、「単語王」となる心構えから。 pp.10～26を読む。

▼音声聴きながら「単語カード」学習

❷著者DJリチャードのライブ音声を聴きながら単語カード学習(右ページ参照)。学習の締めくくりに抜き打ちクイズPop Quizに挑戦！ 本書全体から出題される(！)ので1回目はできなくても気にしない。1 Unit（5枚の単語カード)終わるごとに、獲得TP（単語王ポイント)をResultsページに記入。

❸1 Unitごとに、品詞別語句一覧で内容を確認してください(Cycleごとの語句一覧は品詞分類に加えて、500点到達レベルと中上級レベルに分けています)。

❹理解度に不安があるときは、赤シートを使って、言い換え語や日本語訳に相当する英語を言えるか試してください。

▼5単語カードごとに腕試し

❺単語テストでUnit内で学んだ英単語が定着しているかを、音声を聴きながら腕試し。獲得TPをResultsページに記入。

❻5文型を説明する「7つの文の形」で文法のおさらい(Cycle 1のみ)。

❼「TOEIC形式問題」で、Unit内の見出し語と関連語を問うTOEIC L＆Rテスト Part 5形式の問題にチャレンジ。獲得TPをResultsページに記入。

❽「使ってみよう！」で、「7つの文の形」に沿って、Unit内の見出し語と関連語を実際に使うことに慣れよう。獲得TPはResultsページに。

▼1 Cycle=7 Unitsが終わったら！

❾「大単語テスト」で、Cycle内で学んだ英単語が定着しているか、音声を聴きながら腕試し。獲得TPはResultsページに。

❿Resultsページに記載した獲得TPを、「学習記録」(p.7)に転記したら、次のCycleへGO！

⓫ ❶～❿を繰り返し、Cycle 3まで終えたら、総合獲得TPを集計。総合獲得TPで単語王レベルの称号が決まります。

⓬「単語王」の称号を得るその日まで、❶～⓫を繰り返しましょう！

①**単語カード番号** →105枚ある単語カードの通し番号。

②**見出し語** →TOEIC満点著者が、爆発的な数のTOEIC頻出英単語につながる「ネットワーク単語」を厳選。
発音記号 →見出し語の発音記号。音声でDJリチャードが発音の仕方を楽しくレクチャーします。
品詞記号 →見出し語の品詞(文の中での働き)を表します(→右下「本書で使われているマーク」参照)。複数の品詞がある場合でも、あえてTOEICに頻出する品詞のみ掲載。
意味 →見出し語の意味。TOEIC上重要な意味に厳選。

③**言い換え語** →見出し語と同じ、もしくは同等の意味の別の英単語。TOEIC例文とBASIC例文中の見出し語とほぼ入れ替え可能。

④**TOEIC例文とBASIC例文**
→TOEIC例文は見出し語を使ったTOEICらしいビジネス的な例文、BASIC例文は見出し語を使った、より日常的な例文。見出し語をボールド色文字、TOEIC頻出単語(デル単)を色文字で表しています。かたまりごとの訳は、英語順の思考を身に付けるために役立ちます。訳語の下線は、見出し語、デル単に対応しています。

⑤**ひと言アドバイス**→DJリチャード＆たんごくんのワンポイントアドバイス。たまにクスリとしちゃうコメントも。

「単語王」学習の基本となる

単語カード

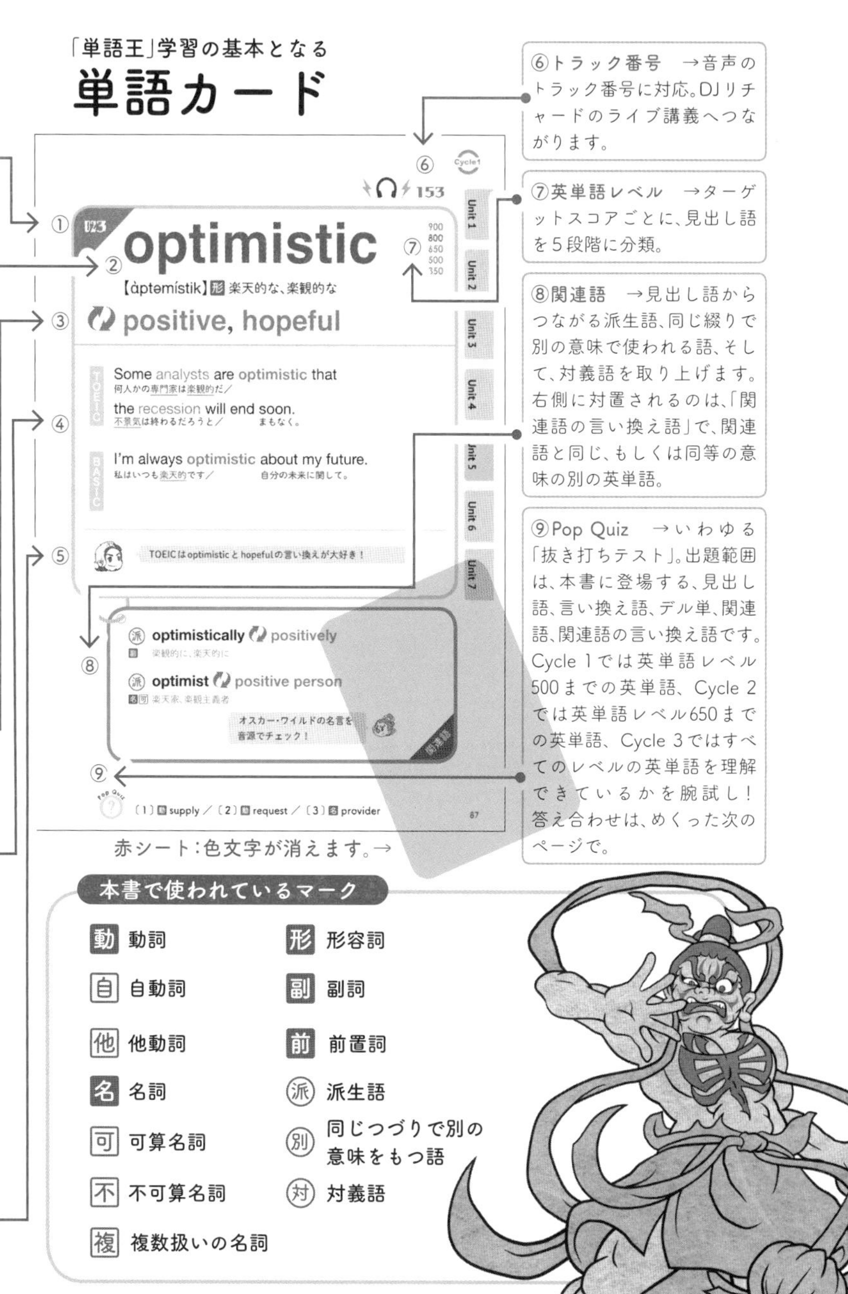

赤シート：色文字が消えます。→

⑥トラック番号　→音声のトラック番号に対応。DJリチャードのライブ講義へつながります。

⑦英単語レベル　→ターゲットスコアごとに、見出し語を5段階に分類。

⑧関連語　→見出し語からつながる派生語、同じ綴りで別の意味で使われる語、そして、対義語を取り上げます。右側に対置されるのは、「関連語の言い換え語」で、関連語と同じ、もしくは同等の意味の別の英単語。

⑨Pop Quiz　→いわゆる「抜き打ちテスト」。出題範囲は、本書に登場する、見出し語、言い換え語、デル単、関連語、関連語の言い換え語です。Cycle 1では英単語レベル500までの英単語、Cycle 2では英単語レベル650までの英単語、Cycle 3ではすべてのレベルの英単語を理解できているかを腕試し！答え合わせは、めくった次のページで。

本書で使われているマーク

動	動詞	形	形容詞
自	自動詞	副	副詞
他	他動詞	前	前置詞
名	名詞	派	派生語
可	可算名詞	別	同じつづりで別の意味をもつ語
不	不可算名詞	対	対義語
複	複数扱いの名詞		

002

繋げて一気に覚えよう！

さっそくだけど たんごくん!
TOEICって 単語覚えるの 大変じゃない?
proceed
innovative
convert
launch
acquire
optimistic
めっちゃ大変… 難しい単語多いし!
それも そうなん だけど…

例えばこんな問題があるとする
「計画について、彼はどう感じていますか？」
本文中には optimistic（楽観的）な反応と、書いてある！
じゃあ それが 答えや！
しかし 選択肢には optimisticは ない…
なんで すとー!?

TOEICでは 別の単語で 用意されて るんだよ
optimistic
positive
hopeful
easy going
あ〜 楽観的＝ ポジティブか！
TOEICは大体 hopefulで 言い換えてくる！
つまり optimisticだけ 知ってても ダメやと…

そんなよく使われる
言い換え表現とセットにして
覚えられるのがこの本なんだ!
optimistic
positive
provid
give
rapid
fast
innovative
original
creative
voucher
ticket
各単語にTOEICでよく
使われる言い換え表現が2つ!
おお!
これは
お得!
そうするとさ、
TOEIC対策はもちろん!
同じ単語の勉強でも
効率、爆上がり!
速度+2!
そしてなにより
What does optimistic mean?
英語を英語で
覚えることに
なるんだ
Optimistic means
positive!
わわわわ!
これで本当の
「英語力」が
身につくんやな!
この言い換えと
一緒に覚えるのは
本書の最大の特徴!
optimistic
positive
これは
すごい力になる!
みんなも一緒に
頑張ろうっ!

003

3つの効率UP要素！

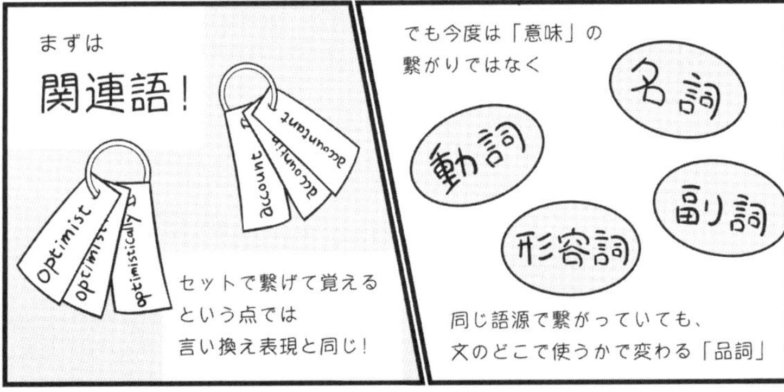

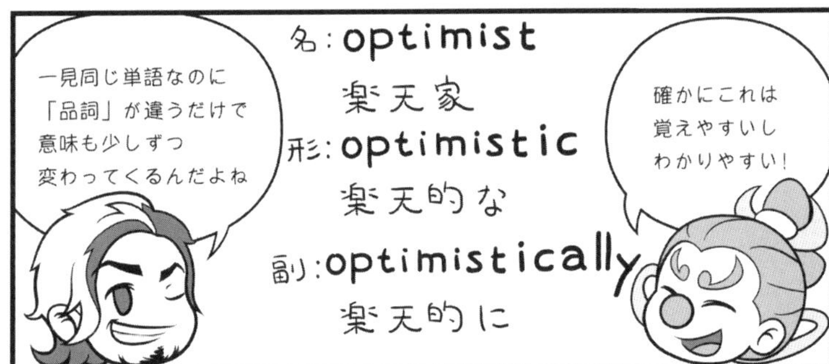

副 動 形 名

これらを関連づけて
覚えれば
効率よく語彙力が
増えるだけでなく

プラス!

文章を作る上での
構造の理解も深められる

名 動 副 形

S V O C

雑とか言うて
すんませんでした

詳しくは
本書のメインの構成である
「単語カード」を勉強すれば
自然と整理されていくよ。

同じ単語でも別の品詞の 別
同じ語源から派生した 派

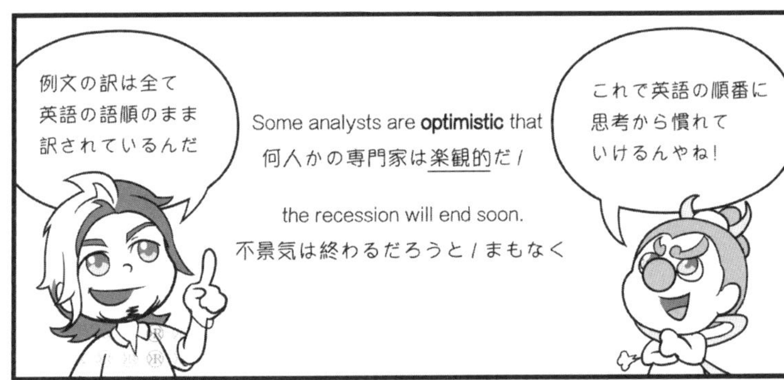
例文の訳は全て
英語の語順のまま
訳されているんだ
Some analysts are **optimistic** that
何人かの専門家は楽観的だ /
the recession will end soon.
不景気は終わるだろうと / まもなく
これで英語の順番に
思考から慣れて
いけるんやね！

感覚が英語に慣れれば
英語で理解して
英語で話せるようになる！
input
output
インプットだけじゃなく
アウトプットにこそ
力を入れているんだ
うほー
実用的だし
楽しそう！
ガムシャラに知識を
詰め込んでいくだけとは
一味ちがうぜ！

最後に！
おれの異名、
もちろん知ってるだろ？
金髪チャラ男先生！
ちげぇよ！
最後のトピックだよ！
バシッ！

「発音の鬼」だ！
ああ
そっちね
発音を教えるのが
得意なんだよ！

だから！ 3回の発音講座も収録
されていて、発音対策もバッチリ！
超だいじ！ 2
子音のアレコレ
R vs L
t
黙
濁
importtant
3
仕上げ！
英語のリズム
単語覚えるなら音で
学ばなければもったいない！
æ
a
ə
1 あ
ややこしい！
いろんな「あ」

ラジオ番組のような
最高のクオリティの
楽しい解説音声を
収録してんでぇ！
もちろん！
音の説明は文字だけでは
わかりにくいから
ちゃんと音を聞いて
自分のものにしよう！
ドドーン
百見は一聞に如かず
百聞は一発音に如かず！

でも…！
発音！したい！
はやくやりたい！
せっかく
覚えた
単語も
発音できなきゃ
会話で使え
ないからね！

その時…ぼくは‼
勉強は楽しいこと
ばかりではないっ！
Unit 1 単語テスト
Unit 1 ToEIC
しっかり身につくよう
毎回きっちり
TOEIC形式問題や
単語テストもあって…

むおおおおおお
どど、
どうしたんだ
たんごくん！？

ぼくは！！
厳しい
どぉんっ
「単語王」
になってしまうのだ！
でも、
テストにはポイントを
集めて、称号をもらえる
やり込み要素があったり
単語の鬼
単語の達人
単語博
単語中毒
単語王
単語通
いいことがたくさん
あるから、楽しんで
いこうぜ！
成長は
楽しいだろ！？
何事も楽しんで
やらないと！
も、もう
ちょっと
ノッて
来いやぁ！

単語王三箇条

～単語を覚えるときの3つのお約束

1 ネットワーク化

～単語は繋がりをもって、爆発的に増やす！～

2 発音

～発音できなきゃ使えないし、聞き取れない！～

3 品詞のルール

～単語を使うために、文法の仕組みをのぞいてみよう！～

1 ネットワーク化

～単語は繋がりをもって、爆発的に増やす！～

単語は「ネットワーク化」して覚える！
「ネットワーク化」とは、
「言い換えられる状態」にしておくこと！
例えば…

「熱心な」を英語で言ったら……

passionate! enthusiastic! eager!

これ全部「熱心な」の意味で使えるんだよね。
実はまだある。

dedicated, devoted, obsessed

覚えるの無理やろ……

いや、単語は意味ごとに、まとめて覚えよう！

えー、なんで～？

それは……

TOEICのために!!!!

TOEICでは本文中から答えを拾えても、選択肢の中では別の単語や表現で書いてある！　例えば、本文中のenthusiasticという単語が答えだったとしても、選択肢にはenthusiasticは載っておらず、言い換えのeagerを選ばなければならない。
つまり片方の単語だけ知っていても点数に繋がらないんだよね。

According to the survey, most of the employees who started working within 3 years are enthusiastic about their work. However, workers who have worked for more than…

Q. What is indicated about new workers?
(A) They are reluctant to go to the office.
(B) They took the survey 3 years ago.
(C) They are eager to work for the company.
(D) They are anxious about their job.

さらに！

Writing & Readingのために！

例えば、日本語で文章を書く時、「熱心な」という単語を何度も使ってもそこまで不自然ではないけど、英語で文章を書く場合、「熱心な」という意味合いの単語を何度か使うのであれば、1回目はpassionate、2回目はenthusiastic、3回目はeagerを使うといったように、なるべく多くのボキャを使うのが教養のあるスマートな文章とされているんだ。

知的な文章っ！

Enthusiastic readers are passionate about learning new expressions. They are also eager to accumulate Tango-oh Points to become “Vocabulary King”!

表現力、応用力のために！

同じ事を言うにしても、場面や心境に応じて様々な表現ができることは大事です。また、物事を説明するとなったら、あらゆる方面からの表現力が求められる！

効率性のために！

一つの意味をキーにして複数の単語を覚える学習法はとても効率的！
単語を一つ一つ単発的に覚えても時間がかかってしまう。

英語を英語で覚えることに！

enthusiastic の意味を「熱心な」ではなく、passionate と記憶するようにしてみよう！　英語で "What does enthusiastic mean?"（"enthusiastic" ってどういう意味？）と聞かれても　"It means passionate!" と答えられる！　ザ・英語脳への第一歩！

記憶の引き出し増大のために！

単語を別の単語と結びつけておけば、互いが双方の引き出しとなるので、単語を覚える速度と、頭の中への根付き方はどんどん強く、加速していくよ。

passionate　enthusiastic

eager

"enthusiastic" ときたら、このイメージ！

発音

～発音できなきゃ使えないし、聞き取れない！～

本書は、本だけでも、音声だけでも学習可能。でも、2つ合わせると効果1000倍！

本書が他のTOEIC本と一番違う点は……
発音にめちゃくちゃ力を入れているところ！

単語は発音できなきゃ会話で使えないし、認識力不足で聞き取ることができない！ TOEICの半分（495点分）はリスニング！

見出し語は一つ一つ、発音の仕方をしっかりレクチャー！
さらに！　生の講義を受けているかのような臨場感バリバリの3回の「DJリチャードの発音講座」もあるから、ここでも一緒に声を出して発音の練習をしよう！　リスニング対策もバッチリだ！

DJリチャードの発音講座 1（p.134／190-194／約13分）
日本語にない母音

DJリチャードの発音講座 2（p.230／291-295／約21分）
子音のお話

DJリチャードの発音講座 3（p.326／391-393／約20分）
英語のリズムの秘密

というわけで！　まずは本書の音声を無料でダウンロードだ！
話はそこからっ！
本サービスのご利用には、メールアドレスＩＤの登録／ログインが必要となります。あらかじめご了承ください。

音声ファイル／PDFファイルの使い方

パソコンの場合

❶アルクのダウンロードセンターにアクセス
https://www.alc.co.jp/dl/
❷ログイン後、ダウンロードセンターで、書籍名「単語王」または商品コード「7020066」でコンテンツを検索
❸検索後、ダウンロード用ボタンをクリックし、以下のパスワードを入力してコンテンツをダウンロード！

スマホの場合

スマホまたはiPadに直接ダウンロードするには、無料アプリ「語学のオトモALCO」（iOS、Androidの両対応）が必要です。再生スピードの変更や、秒数指定の巻き戻し・早送りなど、便利な機能が満載！（ALCOインストール済みの方は❸から）

❶下記サイトからALCOをインストール
https://www.alc.co.jp/alco/
※インストール後、ALCOへのログインには、メールアドレスＩＤの登録が必要となります。
❷ALCOにログインし、ホーム画面の下部にある「ダウンロードセンター」バーをタップ
※ＱＲコードを使えば、以下❸、❹の操作は不要です。
❸ダウンロードセンターで、書籍名「単語王」または商品コード「7020066」でコンテンツを検索
❹検索後、ダウンロード用ボタンをクリックし、以下のパスワードを入力。個別ダウンロードページから、コンテンツをダウンロード！

パスワード　→　**richard66**

※サービスの内容は、予告なく変更する場合があります。

3 品詞のルール

～単語を使うために、文法の仕組みをのぞいてみよう！～

すべての英単語には「品詞」という分類の仕方があって、この分類によって、文中での位置や、意味が決まる！　さっきの「発音」同様、しっかり理解することで、単語が「使える」ようになるぞ！　本書で押さえたいのは以下の5種類っ！

それではここで、それぞれの品詞の働きをおさらい！

動詞（verb）

動きや行為、状態を表す！

例：**run** 走る　**sleep** 寝る　**take** ～を取る　**have** ～を持っている
　talk しゃべる　**go** 行く　**wear** ～を着（てい）る　**distribute** ～を配布する

知っておこう！　『他動詞と自動詞がある』

他動詞は後ろに必ず目的語（名詞）を続ける。一方、自動詞は後ろに目的語を続けない。

他動詞：**She wore his jacket.**　自動詞：**I'll go to your place.**

名詞(noun)

物や事を表す！

例:**dog** 犬　**report** レポート　**water** 水　**information** 情報　**rice** 米
Mr.Onishi 大西さん　**watch** 時計　**happiness** 幸せ　**evidence** 証拠

知っておこう！　『可算名詞と不可算名詞がある』

名詞には、可算(数えられ、aやsがつく)名詞と不可算(数えられない)名詞がある。

可算名詞:**a dog, dogs, a report, reports**

不可算名詞:**water, information**

形容詞(adjective)

名詞を修飾できる！

日本語で言うところの"〜な"、"〜い"。

例:**beautiful** 美しい　**clever** 頭の良い　**big** 大きな

知っておこう！　『名詞の前か補語の位置にくる』

名詞の修飾に使われることが多いので、基本は名詞の前、もしくは第２文型の補語の位置(p.52参照)。

名詞の前:**beautiful picture**　補語の位置:**The picture is beautiful.**

 副詞(adverb)

名詞以外のすべてを修飾できる！

「～な風に」という意味合いをもつ。lyで終わる語は大抵副詞と思ってよい。

例：**slowly** ゆっくりと　**emotionally** 感情的に　**very** とても

 **知っておこう！　『文のどこにでもくる』**

He pulled out a gun slowly.
He slowly pulled out a gun.
Slowly, he pulled out a gun.

 前置詞(preposition)

名詞を文に付け加える！

例：**in** ～の中に　**to** ～へ　**behind** ～の後ろに　**without** ～なしで
during ～の間に　**concerning** ～に関して

 **知っておこう！　『後ろには、名詞がくる』**

他動詞の後ろ以外では、前置詞を使って名詞（もしくは代名詞、動名詞などの名詞的な要素）を文に繋げる。

He'll do anything for money.
My friend is arriving at airport.

それじゃあ、
単語王学習
始めるぞ！

オマケ

「前置詞」と「接続詞」との違いは…
接続詞は文と文を繋ぐものだから、
接続詞がきたら後ろにもう一度、
主語と動詞がくると考える
（前置詞は後ろに名詞のみ）。

He went home while I was talking on the phone.

Cycle1

111

001

account

900
800
650
500
350

【əkáunt】動 自 原因となる

cause, give reasons

TOEIC

Returned merchandise may account for the losses
返品された商品が原因かもしれない／ 損失の／

that occurred last month.
起こった／ 先月。

BASIC

A major blackout in Gastown accounted for
大規模な停電は／ ガスタウンでの／原因となった／

the closing of the school.
閉鎖の／ 学校の。

自動詞は前置詞とセットで！ account for ～で覚えよう！
対して、言い換え語の"cause"は他動詞なので、"account for"とまるっと言い換えるとうまくいくよ！

別 **account**  financial statement
名可 収支計算書

派 **accounting** finance, bookkeeping
名不 経理

派 **accountant**  bookkeeper
名可 会計士

「抜き打ちテスト」のコーナー！ 出題範囲は本書全体(詳しくはp.9参照)。徐々に難しくなっていくで～。1回目はチャレンジするつもりで取り組んでみよう！

〔1〕形 proper ／〔2〕形 present ／〔3〕動 mention

002

compete

900
800
650
500
350

【kəmpíːt】動 自 競争する

contend, fight

TOEIC

We had to **compete** with numbers of other
競わなければならなかった／　数々の代理店と／
agencies to win this contract.
勝ち取るために／この契約を。

BASIC

What are you guys **competing** for?
何を君たちは競ってるの？

続く前置詞は、with、against、for。セットで覚えよう！
自分で使うつもりで覚えることが大事だよ。例文も参考にすべし！

形 競争力のある、安価な

派 **competition** game, contest, battle
名 可 競技大会　不 競争

派 **competitor** contestant, opponent, rival
名 可 競争相手

関連語

〔1〕形 適切な（044）／〔2〕形 現在の（019）／
〔3〕動 ～に言及する（074）
※訳の後ろのカッコ内の数字は単語カードの番号です。

003

proceed

900
800
650
500
350

【prəsíːd】動 自 進む

TOEIC

The experimentation on the new energy source was not proceeding as planned.

実験は／新しいエネルギー源の／進んでいなかった／計画通りには。

BASIC

Please proceed to Gate 7.

お進みください／7番ゲートまで。

つまりは"go"だと思えば全然怖くないね。
例文でも入れ替えてみよう！　言葉っておもしれ〜！

別 **proceed** profit, revenue

名 可 （通常複数形で）収益、利益、売上高

派 **procedure** process, way

名 可 手順、手続き、やり方

どっちもすごく大事っ！

関連語

〔1〕動 accept ／〔2〕形 sufficient ／〔3〕動 introduce

004

beverage

900
800
650
500
350

【bévəridʒ】名 可 （水・薬以外のすべての）飲料

drink

TOEIC

All participants are eligible
すべての参加者は資格がある／

for complimentary **beverages** during the event.
無料の 飲み物に対する／ イベント中。

BASIC

I bet you'll get carded to order
私は思う／あなたはIDチェックされると／注文するのに／

alcoholic **beverages**.
アルコール飲料を。

なぜか水は含まれないので注意。
メニューとかではほぼほぼこっちで書いてあるぞい。

〔1〕動 ～を受け入れる（024）／〔2〕形 十分な（033）／
〔3〕動（法律・制度など）を取り入れる（018）

005

provide

900
800
650
500
350

【prəváid】動 他 ～を供給する

TOEIC

The company **provides** a five-year warranty on its products.
その会社は提供する／5年間補償を／その製品に。

BASIC

I'll **provide** you with an update as soon as I get back.
私は教える／あなたにどうなったかを／すぐに／私が戻ったら。

provide A with Bは覚えよう！
BASIC例文参照！

名 可 供給者

インターネットプロバイダーのあれや。

関連語

〔1〕動 reply ／〔2〕名 coupon ／〔3〕動 offer

Unit 1 語句一覧

Unit 1 で覚えた語句の一覧だよ。意味を覚えているか、確認してみよう！見出し語はボールド、見出し語の言い換え語はセミボールド、その他の単語は並字で表わされているよ。品詞ごとに、アルファベット順に並んでいるぞ！（熟語はその働きに合わせて各品詞に振り分けています）

動 動詞

□□□	**account**	自	**原因となる**
□□□	bet	他	きっと～である
□□□	cause	他	～の原因となる
□□□	**compete**	自	**競争する**
□□□	contend	自	争う
□□□	fight	自	戦う
□□□	give	他	～を与える
□□□	give reasons		理由を述べる
□□□	go	自	行く
□□□	move	自	移動する
□□□	occur	自	起こる
□□□	**proceed**	自	**進む**
□□□	**provide**	他	**～を供給する**
□□□	supply	他	～を供給する

名 名詞

□□□	account	可	収支計算書
□□□	accountant	可	会計士
□□□	accounting	不	経理
□□□	agency	可・不	代理店、取次店
□□□	battle	可・不	戦闘
□□□	**beverage**	可	**（水・薬以外のすべての）飲料**
□□□	bookkeeper	可	帳簿係、簿記係
□□□	bookkeeping	不	簿記
□□□	competition	可	競技大会
□□□	competitor	可	競争相手
□□□	contest	可	競争
□□□	contestant	可	競争者
□□□	contract	可・不	契約、請負
□□□	drink	不	飲み物
□□□	finance	不	財政、財務

〔1〕動 返答する（079）／〔2〕名 クーポン（011）／〔3〕動 ～を提供する（047）

☐☐☐	financial statement		(通常複数形で)財務表
☐☐☐	game	可	試合、競技
☐☐☐	loss	可	損失
☐☐☐	merchandise	不	(集合的に)商品
☐☐☐	opponent	可	敵対者
☐☐☐	participant	可	参加者
☐☐☐	procedure	可	手順、手続き、やり方
☐☐☐	proceed	可	(通常複数形で)収益、利益、売上高
☐☐☐	process	可	手順、過程
☐☐☐	product	可・不	製品、生産物
☐☐☐	profit	可・不	利益
☐☐☐	provider	可	供給者
☐☐☐	revenue	可	(通常複数形で)(会社の)総利益
☐☐☐	rival	可	競争相手、ライバル
☐☐☐	source	可	源、源泉
☐☐☐	supplier	可	供給者
☐☐☐	update	可・不	最新化、最新情報
☐☐☐	warranty	可・不	保証、保証書
☐☐☐	way	可	やり方

形 形容詞

☐☐☐	competitive	競争力のある、安価な
☐☐☐	complimentary	無料の
☐☐☐	eligible	ふさわしい、資格のある
☐☐☐	inexpensive	(値打ちの割に値段が)安い
☐☐☐	reasonable	手頃な

Tp

全部で53語！

Unit 1 単語テスト

単語テースト！　これまでに覚えた単語が定着しているか確認だ。3つのレベルに挑戦してもらうぞー！　Here we go!
【答え→p.330】

116 ※ダウンロードセンターでPDFを提供しています(p.23参照)。

LEVEL 1

まずは必須の見出し語を確認。単語・単語・使用英文・単語の順で収録された音声を聞いて、その単語のスペル、英文の中での品詞、意味、言い換え語を書いてみよう。1項目10TP、全部書けたら40TPだ！

1
スペル ………… 品詞 …………
意　味 …………
言い換え ………… TP

2
スペル ………… 品詞 …………
意　味 …………
言い換え ………… TP

3
スペル ………… 品詞 …………
意　味 …………
言い換え ………… TP

4
スペル ………… 品詞 …………
意　味 …………
言い換え ………… TP

5
スペル ………… 品詞 …………
意　味 …………
言い換え ………… TP

117

LEVEL 2

次は関連語を確認。LEVEL 1同様の音声を聞いて、単語のスペル、品詞、意味、言い換え語を書いてみよう。1項目10TP、全部書けたら40TPだ！（関連語の使用英文のスクリプト［本書未掲載］はダウンロードセンターで提供［p.23参照］）

スペル ………… 品詞 …………

意　味 …………

言い換え ………… TP

7

スペル ………… 品詞 …………

意　味 …………

言い換え ………… TP

8

スペル ………… 品詞 …………

意　味 …………

言い換え ………… TP

118

LEVEL 3

LEVEL 3 はTOEIC例文とBASIC 例文に登場したTOEIC 頻出単語（通称デル単）だ。音声を聞いて、その単語のスペル、品詞、意味を書いてみよう。1項目10TP、全部書けたら30TP 獲得！

スペル ………… 品詞 …………

意　味 ………… TP

スペル ………… 品詞 …………

意　味 ………… TP

TOTAL TP

7つの文の形❶ ～第1文型～

〔主語〕　〔動詞〕

さあ！　文を作っていこう！　まずはこの形！

She smiled.
S　V

彼女は／微笑んだ。

V！ V（動詞）に使うのは"自動詞"！

talk（しゃべる）、worry（心配する）、work（働く）などの自動詞のあとに名詞は置けない。

以上！　どういうことか見ていこうっ！

動詞の後になにもこなくてもよい

Don't worry. It's working.
V　S　V

心配しないで。／それは機能している。

副詞はもちろんつけてオーケー

I slept late last night.
S V 副 副
私は寝た／遅く／昨夜。

That guy can sing very well.
S V 副 副
この人は歌える／とても上手く。

「～に」「～を」と続けたい場合は、動詞の後の名詞を前置詞で繋ぐ

He laughed at me.
S V 前
彼は笑った／私を。

You should go to hospital.
S V 前
あなたは行くべきだ／病院に。

TOEIC L&Rテスト形式問題！

Cycle 1 Unit 1で学んだ英単語の語義や使い方を問う、TOEIC L&Rテスト形式の問題に挑戦！　1問50TP、全問正解で150TPだ！ 【答え→p.331】

1. Durant Auto Club ------- roadside assistance when members have mechanical problems.

(A) provision
(B) provides
(C) provider
(D) providing

2. Magesta Appliances needs to ------- with more and more foreign manufacturers.

(A) competitive
(B) compete
(C) competitively
(D) competition

3. The cold weather ------- for a sharp increase in sales of sweaters and coats.

(A) accounted
(B) responded
(C) corrected
(D) apologized

使ってみよう！

単語の意味を覚えたら、自分でも使えるようになって一人前！　こんな意味のこと、言えるかな？　構造例は「７つの文の形」(p.38)、使う単語はそれぞれの「単語カード」を参考にして取り組もう！　１問につき50TPだよ！
自己採点は甘目でもOK！

【答え→p.332】

1 おれの友達も東京マラソンに参加する（競う）よ。

構造例：〔S+V〕　使う単語：動 compete

英語はいつだって「主語→動詞」。習った第１文型の構造に沿って“compete”を使ってみよう！

2 大雪がSkytrain（電車）の遅れの原因となったので、遅刻は私のせいではない。

構造例：〔S+V〕＋〔S+V+C〕　使う単語：動 account

“account”は自動詞。前置詞で名詞と繋がないとね！
遅刻はtardinessを使おう！

3 カウンターへ進み、無料の飲み物をお受け取りください。

構造例：〔S+V〕＋〔S＋V＋O〕使う単語：動 proceed　名 beverage

命令文(主語のYouが省略されたS＋V)を使おう！

TP

Results

Unit 1の獲得 Tp を記録しておこう。何 Tp 取れたかな？

	1回目	2回目	3回目
POP QUIZ	/ 90 Tp	/ 90 Tp	/ 90 Tp
単語テスト	/ 380 Tp	/ 380 Tp	/ 380 Tp
TOEIC形式問題	/ 150 Tp	/ 150 Tp	/ 150 Tp
使ってみよう!	/ 150 Tp	/ 150 Tp	/ 150 Tp
TOTAL	/ 770 Tp	/ 770 Tp	/ 770 Tp

006

rapid

900 800 650 500 350

⇔ quick, fast

TOEIC
The supervisor was satisfied with the rapid progress of the staff.
上司は満足した／迅速な成長に／部下の。

BASIC
You'll have to be more rapid if you don't want to be late.
あなたはもっと急がないといけない／もしあなたが／遅れたくないのなら。

「快速電車」は英語で"rapid train"って言うね！

rapidly ⇔ quickly, fast

関連語

〔1〕動 highlight ／〔2〕動 remove ／〔3〕動 perform

007

exhibit

900
800
650
500
350

【igzíbit】動 他 ～を展示する

 **show, display**

TOEIC

His paintings will be **exhibited**
彼の絵は展示される／
in the Vancouver Museum.
バンクーバー美術館で。

BASIC

The way they **exhibit** androids is kind of creepy.
方法は／　彼らが展示する／　アンドロイドを／なんか気持ち悪い。

言い換えを含めても一番仰々しい表現がこれ。
発音かっこいいよね！

派 **exhibit**  **exhibition, show**

名 可 展示会、展覧会

そういうラッパーいた。
Xibit！

〔1〕動 ～を強調する(021) ／
〔2〕動 ～を取り去る(015) ／〔3〕動 ～をする(080)

TP

008

innovative

900 800 650 500 350

【ínəvèitiv】形 革新的な、画期的な

original, creative

TOEIC

I will demonstrate a number of **innovative** kitchen utensils.

実演してお見せします／いくつかの 画期的なキッチン用品を。

BASIC

I need some **innovative** thoughts here.

私には必要だ／画期的な考えが／ここで。

出だしの"i"がストレス！
発音注意だ～！

派 **innovation** change

名可 新しいアイデア[方法・手法]、新機軸 不 革新

本書は英語学習のinnovation！
いよっ！

関連語

Pop Quiz 〔1〕動 relate ／〔2〕動 decrease ／〔3〕動 gather

124

009

enthusiastic

900 800 650 500 350

【inθùːziǽstik】形 熱狂的な、熱心な、熱中している、夢中な

eager, passionate

TOEIC

Enthusiastic fans surged to the entrance
熱狂的なファンは押し寄せた／入り口へ／
to get the actor's autograph.
もらうために／その俳優のサインを。

BASIC

My geek buddies are only **enthusiastic**
私のオタク友達は熱狂的だ／
when it comes to gaming.
ゲームのこととなるときだけ。

派 **enthusiasm** eagerness, passion
名不 熱狂、熱中、熱意

派 **enthusiast** fan, lover
名可 熱狂者、熱中している人

〔1〕動 ～を関係させる(083) ／
〔2〕動 ～を減らす(022) ／〔3〕動 ～を集める(100)

125

Unit 1 Unit 2 Unit 3 Unit 4 Unit 5 Unit 6 Unit 7

010

involve

900
800
650
500
350

【invɑ́lv】動 他 ～を含む、～を関係させる

include, contain

TOEIC

Tell me what the job **involves**
教えてください／仕事が何を含むのか／

and then we'll discuss it.
そしてそれから話し合いましょう。

BASIC

Please stay out of our conversation
入ってこないでください／　私たちの会話に／

because it doesn't **involve** you.
あなたには関係ないのだから。

使い方～！　involve doing、involve A in B、
be involved with/in ！　ヘイ！

〔1〕動 accept ／〔2〕形 suitable ／〔3〕形 positive

Unit 2 語句一覧

UNIT 2で覚えた語句の一覧だよ。意味を覚えているか、確認してみよう！

動 動詞

□□□	contain	他	～(容器・場所などが)(物)を含む
□□□	demonstrate	他	～をはっきり示す
□□□	discuss	他	～について話し合う
□□□	display	他	～を展示する
□□□	**exhibit**	他	**～を展示する**
□□□	include	他	～を(全体の中の一部として)含む
□□□	**involve**	他	**～を含む、～を関係させる**
□□□	satisfy	他	～を満足させる
□□□	show	他	～を展示する、見せる

名 名詞

□□□	change	可・不	変化
□□□	conversation	可・不	会話、対談
□□□	eagerness	不	熱望
□□□	enthusiasm	不	熱狂、熱中、熱意
□□□	enthusiast	可	熱狂者、熱中している人
□□□	entrance	可	入り口、玄関
□□□	exhibit	可	展示会、展覧会
□□□	exhibition	可	展示会、展覧会
□□□	fan	可	ファン
□□□	innovation	可	新しいアイデア、新機軸
□□□	lover	可	愛好家
□□□	passion	可・不	熱中、激情
□□□	progress	不	成長、前進
□□□	show	可	展示会、展覧会
□□□	supervisor	可	上司、管理者

〔1〕動 ～を受け入れる(082) ／〔2〕形 適した(044) ／〔3〕形 前向きの(023)

形 形容詞

☑☑☑	a number of ~	いくつかの、いくらかの
☑☑☑	creative	創造的な
☑☑☑	eager	熱望して、熱心な
☑☑☑	**enthusiastic**	**熱狂的な、熱心な**
☑☑☑	fast	速い、素早い
☑☑☑	**innovative**	**革新的な、画期的な**
☑☑☑	original	独創的な
☑☑☑	passionate	情熱的な、熱烈な
☑☑☑	quick	速い、素早い
☑☑☑	**rapid**	**速い、素早い**

副 副詞

☑☑☑	fast	速く、急速に
☑☑☑	quickly	速く、すぐに
☑☑☑	rapidly	速く、急速に

Tp

全部で37語！

Unit 2 単語テスト

単語テースト！　これまでに覚えた単語が定着しているか確認だ。3つのレベルに挑戦してもらうぞー！　Here we go!　【答え→p.333】

126

LEVEL 1

まずは必須の見出し語を確認。音声を聞いて、その単語のスペル、品詞、意味、言い換え語を書いてみよう。1項目10TP、全部書けたら40TPだ！

1
スペル ＿＿＿＿ 品詞 ＿＿＿＿
意　味 ＿＿＿＿
言い換え ＿＿＿＿ TP

2
スペル ＿＿＿＿ 品詞 ＿＿＿＿
意　味 ＿＿＿＿
言い換え ＿＿＿＿ TP

3
スペル ＿＿＿＿ 品詞 ＿＿＿＿
意　味 ＿＿＿＿
言い換え ＿＿＿＿ TP

4
スペル ＿＿＿＿ 品詞 ＿＿＿＿
意　味 ＿＿＿＿
言い換え ＿＿＿＿ TP

5
スペル ＿＿＿＿ 品詞 ＿＿＿＿
意　味 ＿＿＿＿
言い換え ＿＿＿＿ TP

127

LEVEL 2

次は関連語を確認。音声を聞いて、その単語のスペル、品詞、意味、言い換え語を書いてみよう。1項目10TP、全部書けたら40TPだ！

6
スペル …………　品詞 …………
意　味 …………
言い換え …………　TP

7
スペル …………　品詞 …………
意　味 …………
言い換え …………　TP

8
スペル …………　品詞 …………
意　味 …………
言い換え …………　TP

128

LEVEL 3

LEVEL 3はTOEIC例文とBASIC例文に登場したTOEIC頻出単語（通称デル単）だ。音声を聞いて、その単語のスペル、品詞、意味を書いてみよう。1項目10TP、全部書けたら30TP獲得！

9
スペル …………　品詞 …………
意　味 …………　TP

10
スペル …………　品詞 …………
意　味 …………　TP

TOTAL　TP

7つの文の形❷ ～第２文型～

さあ！　文章を作っていこう！　今度はこの形！

She is my mother.
S V C
彼女は 私の母 だ。

V！ V（動詞）に使うのは"＝になる動詞"！

be動詞、become（～になる）、seem（～に見える）など。

C！ Cは補語のことで、主語がどういう人なのか物なのかを説明する役目をする。

S（主語）＝C（補語）の関係が成り立つ。C（補語）に成るのは名詞か形容詞。

V（動詞）は基本的にbe動詞

He is happy.
S V C
彼はハッピーだ。

be動詞以外でもC（補語）を伴う動詞がある

He became an English teacher.
S V C
彼はなった／英語の先生に。

Our boss became responsive to people's suggestion suddenly.
S V C
私たちの上司はなった／人の意見に対して反応よく／急に。

This bed seems way too big for your room.
S V C
このベッドは見える／大きすぎるように／あなたの部屋には。

Most of the inconsistencies remained unsolved.
S V C
ほとんどの矛盾は留まった／未解決に。

be動詞以外で第2文型を作る動詞

～になる
become, get, grow, turn, go, fall

～に見える
look, seem, appear

～のままでいる
keep, remain, stay

～に感じる
sound, smell, taste, feel

TOEIC L&Rテスト形式問題！

Unit 2で学んだ英単語の語義や使い方を問う、TOEIC L＆Rテスト形式の問題に挑戦！　1問50TP、全問正解で150TPだ！ 【答え→p.334】

1. The Colby Museum is currently ------- historical items from the local area.

(A) exhibition
(B) exhibiting
(C) exhibited
(D) exhibit

2. Jack Smith's ------- ideas have helped improve the company's sales.

(A) customary
(B) skillful
(C) respective
(D) innovative

3. The position of customer service representative ------- daily travel to client businesses.

(A) involves
(B) respects
(C) indicates
(D) directs

使ってみよう！

Cycle1

単語の意味を覚えたら、自分でも使えるようになって一人前！　こんな意味のこと、言えるかな？　構造例は「７つの文の形」(p.52)、使う単語はそれぞれの「単語カード」を参考にして取り組もう！　１問につき50TPだよ！

【答え→p.335】

1

最初の数カ月は、彼女は新しい彼氏にお熱をあげているようだった。

構造例：〔S+V+C（be動詞以外 seem)〕 使う単語：形 enthusiastic

ヒントにある動詞 "seem" を使えば簡単簡単！

2

その展示センターは、急速に商業イベントで有名になった。

構造例：〔S+V+C（be動詞以外 become)〕 使う単語：名 exhibition 副 rapidly 形 commercial

「～になった」はどんな動詞がよさそうかな？　補語の位置にくる「有名な」は英語で……？

3

なんて画期的なアイデアだ！　キミは天才だ！

構造例：〔S+V+C（感嘆文)〕＋〔S+V+C〕 使う単語：形 innovative

日本語は主語を省略しがちだよね。主語を "That" として始めるか、「感嘆文」っていう手もあるね！

TP

Unit 1 Unit 2 Unit 3 Unit 4 Unit 5 Unit 6 Unit 7

Results

Unit 2の獲得 TP を記録しておこう。何 TP 取れたかな？

	1回目	2回目	3回目
POP QUIZ	/ 90 TP	/ 90 TP	/ 90 TP
単語テスト	/ 380 TP	/ 380 TP	/ 380 TP
TOEIC形式問題	/ 150 TP	/ 150 TP	/ 150 TP
使ってみよう!	/ 150 TP	/ 150 TP	/ 150 TP
TOTAL	/ 770 TP	/ 770 TP	/ 770 TP

011

voucher

900 800 650 500 350

【váutʃər】名 可 引換券、割引券

coupon, ticket

TOEIC

The gift **voucher** is not valid anymore
この商品券はもはや有効ではない／
as it has already expired.
すでに期限が切れているので。

BASIC

I have a **voucher** that can be used
私は持っている／引換券を／使うことのできる／
in any of the restaurants in this mall.
このモールのどのレストランででも。

voucher っていうとウッとくるけど、
coupon とか ticket と言われるとホッするよね。

〔1〕名 schedule ／〔2〕動 suggest ／〔3〕形 creative

132

012

policy

900
800
650
500
350

【pάləsi】名 可 不 方針

rule, guideline

TOEIC

Did you hear the announcement
聞きましたか／　告知を／
regarding company **policy** changes?
会社の方針の変更についての。

BASIC

It's school **policy** to provide a doctor's note
学校の方針です／　提出するのは／　医者の診断書を／
if you are absent for more than one day.
もしあなたが欠席するのなら／　1日より多く。

日本語でも「それが私のポリシーなんでね」とか言うよね。

〔1〕名 予定(表)(085)／〔2〕動 〜を提案する(047)／
〔3〕形 創造的な(008)

013

convert

900
800
650
500
350

【kənvə́ːrt】動 他 ～を変える

change, modify, alter

TOEIC
The city council will begin converting the site
市議会は始めます／ 変えることを／ 土地を／
into a park.
公園に。

BASIC
This travel plug converts the voltage
この旅行用プラグは変換する／ 電圧を／
so you can use your equipment in any country.
そうすることであなたは使うことができる／あなたの機材を／どの国でも。

"convert A into B"で「AをBに変換する」でゴザンス。

派 **conversion** change, alteration
名 変換、転換

スペルが"-tion"じゃなくて
"-sion"なのプチ注意。

〔1〕動 suggest ／〔2〕動 separate ／〔3〕動 display

134

014

state

900
800
650
500
350

【stéit】動 他 ～をはっきりと述べる、～をはっきりと記載する

say, announce

TOEIC

The Ministry of Finance **stated**
財務省は発表しました／

that the economic outlook is dismal.
経済的な見通しはよくないと。

BASIC

Would you **state** your full name and your current
述べてもらってもいいですか／あなたのフルネームと現在の職業を／

occupation, please?
どうか。

"state"とか言われると、かまえちゃうというか、
ちょっとビビるわ。

派 **statement** announcement, report
名 可 陳述、声明

"billing statement"で
「請求明細書」やで。

〔1〕動 ～を勧める(034)／〔2〕動 ～を分ける(015)／
〔3〕動 ～を露呈する(055)

135

015

detach

900
800
650
500
350

【ditǽtʃ】動 他 ～を引き離す、～を取り外す

remove, separate

TOEIC

Please fill out the bottom half of the form
埋めてください用紙の下半分を／
and **detach** it.
そして切り離してください／それを。

BASIC

I broke my nail **detaching** a key from the key ring.
やっちまった／爪を／取り外しているとき／鍵を／キーホルダーから。

他動詞は後ろに必ず名詞を置きましょう。
detach A from Bで「AをBから引き離す」という形で使われるよ。

対 **attach** put on, stick
動 他 ～を添付する

本書ではめずらしい
対義語登場っ！（笑）

関連語

Pop Quiz

〔1〕動 detail ／〔2〕動 attach ／〔3〕動 reflect

Unit 3 語句一覧

UNIT 3で覚えた語句の一覧だよ。意味を覚えているか、確認してみよう！

動 動詞

	語句		意味
□□□	alter	他	～を変える、～を仕立て直す
□□□	announce	他	～を公表する
□□□	attach	他	～を添付する
□□□	change	他	～を変える、～を変化させる
□□□	**convert**	他	**～を変える**
□□□	**detach**	他	**～を引き離す、～を取り外す**
□□□	expire	自	期限が切れる
□□□	fill out ~	他	～を完成させる
□□□	modify	他	～を修正する、～を変更する
□□□	provide	他	～を供給する、～を提供する
□□□	put on	他	～を身につける
□□□	remove	他	～を取り去る
□□□	say	他	～について言う
□□□	separate	他	～を分ける
□□□	**state**	他	**～をはっきりと述べる**
□□□	stick	他	～を貼り付ける

名 名詞

	語句		意味
□□□	alteration	可・不	変更、修正
□□□	announcement	可・不	告知、発表
□□□	change	可・不	変化
□□□	conversion	可・不	変換、転換
□□□	council	可	（公の）会議、評議
□□□	coupon	可	クーポン、割引券
□□□	equipment	不	機材、機器
□□□	finance	不	財政、財務
□□□	guideline	可	指針、ガイドライン
□□□	modification	可・不	（部分的な）修正
□□□	occupation	可・不	職業、仕事
□□□	outlook	可	見通し、展望
□□□	plug	可	プラグ、差し込み
□□□	**policy**	可・不	**方針**
□□□	report	可	報道、報告

〔1〕動 ～を詳細に述べる（070）／〔2〕動 ～を添付する（015）／〔3〕動 ～を反映する

☑☑☑	rule	可	規則
☑☑☑	site	可	敷地、用地
☑☑☑	statement	可	陳述、声明
☑☑☑	ticket	可	チケット、切符
☑☑☑	**voucher**	可	**引換券、割引券**

形 形容詞

☑☑☑	absent	欠席して、不在の
☑☑☑	current	現在の
☑☑☑	economic	経済の、経済学の
☑☑☑	valid	有効な、効果的な

前 前置詞

☑☑☑	regarding	～に関して、～について

Tp

全部で41語！

Unit 3 単語テスト

単語テースト！　これまでに覚えた単語が定着しているか確認だ。3つのレベルに挑戦してもらうぞー！　Here we go!

【答え→p.336】

136

LEVEL 1

まずは必須の見出し語を確認。音声を聞いて、その単語のスペル、品詞、意味、言い換え語を書いてみよう。1項目10TP、全部書けたら40TPだ！

1

スペル　　品詞

意 味

言い換え　　TP

2

スペル　　品詞

意 味

言い換え　　TP

3

スペル　　品詞

意 味

言い換え　　TP

4

スペル　　品詞

意 味

言い換え　　TP

5

スペル　　品詞

意 味

言い換え　　TP

137

LEVEL 2

次は関連語を確認。音声を聞いて、その単語のスペル、品詞、意味、言い換え語を書いてみよう。1項目10TP、全部書けたら40TPだ！

6

スペル …………………… 品詞 ……………

意　味 ……………………………………

言い換え …………………………… TP

7

スペル …………………… 品詞 ……………

意　味 ……………………………………

言い換え …………………………… TP

8

スペル …………………… 品詞 ……………

意　味 ……………………………………

言い換え …………………………… TP

138

LEVEL 3はTOEIC例文とBASIC例文に登場したTOEIC頻出単語（通称デル単）だ。音声を聞いて、その単語のスペル、品詞、意味を書いてみよう。1項目10TP、全部書けたら30TP獲得！

9

スペル …………………… 品詞 ……………

意　味 …………………………… TP

10

スペル …………………… 品詞 ……………

意　味 …………………………… TP

TOTAL TP

7つの文の形❸ ～第3文型～

さあ！　文章を作っていこう！　続いてこの形！

I wrote notes for you.
S　V　O
私は 書いた／メモを／あなたに。

V！ V（動詞）に使うのは“他動詞”！

write（～を書く）、have（～を持っている）、clean（～をきれいにする）のような目的語を伴う動詞を他動詞と呼ぶ。

例えば、他動詞 buy の意味は「買う」ではなく、「～を買う」、have は「～を持っている」というように「～を」セットであると考えるとわかりやすい。

O（目的語）は名詞、または名詞句、名詞節。

O！ O（目的語）は動詞の対象となる名詞のこと。

buy や have のように必ず動詞の後ろに目的語がきて成立する文を第3文型と呼ぶ。

こんなのがSVO！

I have a dream.
S V O
私は持っている／夢を。

I cleaned your disastrous desk.
S V O
私はきれいにした／あなたの壊滅的な机を。

Don't tell lies to me.
V O
言うな／嘘を／私に。

I deeply regret what I did to you.
S V O
私は深く後悔する／あなたにしたことを。

自動詞はO（目的語）を伴わないので、第3文型を作れない。

× I was working the office.
S V O
私は働いている／オフィス

○ I was working in the office.
S V
私は働いていた／オフィスで

× I rely you.
S V O
私は頼る／あなた

○ I rely on you.
S V
私は頼る／あなたに

TOEIC L&Rテスト形式問題！

Unit 3で学んだ英単語の語義や使い方を問う、TOEIC L&Rテスト形式の問題に挑戦！　1問50TP、全問正解で150TPだ！ 【答え→p.337】

1. The camera's strap can be ------- using a special tool.

(A) detached
(B) concluded
(C) delayed
(D) opposed

Ⓐ Ⓑ Ⓒ Ⓓ

2. The town's old hall has been ------- into a library.

(A) converting
(B) converter
(C) converted
(D) convertible

Ⓐ Ⓑ Ⓒ Ⓓ

3. A memo was sent out to inform employees of the company's new travel -------.

(A) policy
(B) maintenance
(C) response
(D) attention

Ⓐ Ⓑ Ⓒ Ⓓ

使ってみよう！

単語の意味を覚えたら、自分でも使えるようになって一人前！　こんな意味のこと、言えるかな？　構造例は「7つの文の形」(p.66)、使う単語はそれぞれの「単語カード」を参考にして取り組もう！　1問につき50TPだよ！

【答え→p.338】

1 どうやって華氏を摂氏に変換するの？

構造例：〔S+V+O〕　使う単語：動 convert

見出語“convert”の使い方が全てをにぎっている！
困ったら単語カード参照だっ！

2 出会い系サイトに登録するときは、好みのタイプをハッキリと記載しなければだめだ。

構造例：〔S+V+O〕　使う単語：動 state

そうしないと大変なことになるからね。……ってなんのアドバイスだ。
出会い系サイトを英語で？　ひとまず自由に表現してみちゃえ！

3 引換券を紙から引き離してお使いください。

構造例：〔S+V+O〕＋〔S+V+O〕　使う単語：動 detach　名 voucher

口調からして Please ～ でいいんじゃない？　あとは
“detach”の使い方だ。単語は使って覚える！

TP

Results

Unit 3の獲得 TP を記録しておこう。何 TP 取れたかな？

	1回目	2回目	3回目
POP QUIZ	/ 90 TP	/ 90 TP	/ 90 TP
単語テスト	/ 380 TP	/ 380 TP	/ 380 TP
TOEIC形式問題	/ 150 TP	/ 150 TP	/ 150 TP
使ってみよう!	/ 150 TP	/ 150 TP	/ 150 TP
TOTAL	/ 770 TP	/ 770 TP	/ 770 TP

141

016

conduct

900 800 650 500 350

【kəndʌ́kt】動 他 ～を行う、～を管理する

administer, carry out

TOEIC

We are **conducting** a short survey regarding this issue.
私たちは行う／簡単な調査を／この件に関して。

BASIC

I have to **conduct** employee training early tomorrow morning.
私は行わないといけない／従業員のトレーニングを／明日の早朝。

「～の指揮を取る」からきてる言葉だよ。

派 **conductor**  guide, administrator

名 可 指導者、指揮者、車掌

"tour conductor"とか出てくる。
言い換えに"leader"もええね。

関連語

〔1〕動 provide／〔2〕形 typical／〔3〕動 conduct

142

017

property

900
800
650
500
350

【prάpərti】名 不 不動産、物件

real estate, premise

TOEIC

The commercial **property** is crowded with people.
その商業用 物件は混んでいる／人で。

BASIC

This is my **property**, so keep out.
これはおれの所有地だ、／だから入るな。

かっちょいい単語は発音もかっちょよく！ 音声聞いてね！

Pop Quiz Answer

〔1〕動 ～を供給する（005）／〔2〕形 普通の（075）／
〔3〕動 ～を行う（016）

TP

018

launch

900
800
650
500
350

【lɔ́ːntʃ】動 他 (事業など)を始める / を開始する

start, introduce

TOEIC

It is important to get the timing right
重要である／　タイミングを正しくとらえることは／

when **launching** a new product.
世に出すとき／　新製品を。

BASIC

My dream is to **launch** my own brand.
私の夢は立ち上げることです／　自分のブランドを。

「〜を打ち上げる」からきている単語。
「ロケットランチャー」はこの単語からだよ。

launch start, introduction

名 不 (事業や開始製品の売り出しなどの)開始

発音きーつけてね。「ランチ」って
言ったら「お昼」になっちゃうで。

〔1〕名 section ／〔2〕形 rough ／〔3〕形 common

019

current

900
800
650
500
350

【kə́ːrənt】形 現在の、今の

TOEIC

Current fashions and trends are sometimes hard
現在の流行と傾向はときに難しい／
to understand for elderly people.
理解するのが／　年配の方々にとって。

BASIC

Have you checked the **current** issue of *English*
見た／　今月号の『イングリッシュ・ジャーナル』を？
Journal?

他にも使い方の例として、"the current fiscal year"で「今会計年度」。

派 **currently** now, presently
副 現在、現在のところ

派 **currency** money, cash
名 可 不 貨幣、通貨

"foreign currency"で「外貨」、
"currency exchange"で「両替」。

〔1〕名 部門(094) ／〔2〕形 おおよその(093) ／
〔3〕形 共通の(076)

020

grant

900 800 650 500 350

【grǽnt】名 可 助成金、補助金

funding, subsidy

TOEIC

Teikoku Airline would not survive
帝国航空は生き残れない／
without a **grant** from the government.
政府の助成金なしでは。

BASIC

I asked for a **grant** from the company, but nope,
私はお願いした／会社からの補助を／でもダメ、／
didn't work.
うまくいかなかった。

果たして日常生活で使うことはあるのか？

別 **grant** give, permit
動他 ～を与える、～を許可する

続･日常生活で使うことはあるのか？　ない！

関連語

〔1〕動 connect ／〔2〕動 recommend ／〔3〕形 specific

Unit 4 語句一覧

UNIT 4で覚えた語句の一覧だよ。意味を覚えているか、確認してみよう！

動 動詞

□□□	administer	他	～を執行する
□□□	carry out	他	～を遂行する、～を管理する
□□□	**conduct**	他	**～を行う、～を管理する**
□□□	crowd	他	～に群がる、～に押しかける
□□□	give	他	～を与える、～を授与する
□□□	grant	他	～を与える、～を許可する
□□□	introduce	他	(法律・制度など)を取り入れる、～を導入する
□□□	**launch**	他	**～を始める、～を開始する**
□□□	permit	他	～を許可する、～を許す
□□□	start	他	～を始める、～を開始する
□□□	survive	自	生き残る、生き延びる
□□□	train	他	～を訓練する

名 名詞

□□□	administrator	可	管理者、行政官
□□□	brand	可・不	ブランド、商標
□□□	cash	不	現金
□□□	conductor	可	指導者、指揮者、車掌
□□□	currency	可・不	貨幣、通貨
□□□	employee	可	従業員、社員
□□□	funding	不	資金、資金提供
□□□	government	可	政府、政権
□□□	**grant**	可	**助成金、補助金**
□□□	guide	可	案内人、ガイド
□□□	introduction	不	(製品などの)発売、導入
□□□	issue	可	①問題、問題点、②発行されたもの、～号
□□□	launch	不	(事業や開始製品の売り出しなどの)開始
□□□	money	不	貨幣、金銭
□□□	premise	可	(通常複数形で)敷地、不動産
□□□	product	可・不	製品、生産物

〔1〕動 ～を関係させる(083) ／〔2〕動～を勧める(034) ／〔3〕形 明確な(070)

☑☑☑	**property**	不	**不動産、物件**
☑☑☑	real estate	可・不	不動産
☑☑☑	start	可	（活動や発展などの）開始
☑☑☑	subsidy	可・不	助成金、補助金
☑☑☑	survey	可・不	調査、検査
☑☑☑	trend	可	傾向、趨勢

形 形容詞

☑☑☑	commercial	商業の、通商の
☑☑☑	**current**	**現在の、今の**
☑☑☑	elderly	年配の、初老の
☑☑☑	present	現在の、今の

副 副詞

☑☑☑	currently	現在、現在のところ
☑☑☑	now	現在（では）、今（では）
☑☑☑	presently	現在、間もなく

前 前置詞

☑☑☑	regarding	～に関して、～について

Tp

全部で42語！

Unit 4 単語テスト

単語テースト！　これまでに覚えた単語が定着しているか確認だ。3つのレベルに挑戦してもらうぞー！　Here we go!
【答え→p.339】

146

LEVEL 1

まずは必須の見出し語を確認。音声を聞いて、その単語のスペル、品詞、意味、言い換え語を書いてみよう。1項目10TP、全部書けたら40TPだ！

1
スペル …… 品詞 ……
意　味 ……
言い換え …… TP

2
スペル …… 品詞 ……
意　味 ……
言い換え …… TP

3
スペル …… 品詞 ……
意　味 ……
言い換え …… TP

4
スペル …… 品詞 ……
意　味 ……
言い換え …… TP

5
スペル …… 品詞 ……
意　味 ……
言い換え …… TP

147

LEVEL 2

次は関連語を確認。音声を聞いて、その単語のスペル、品詞、意味、言い換え語を書いてみよう。1項目10TP、全部書けたら40TPだ！

6

スペル ………… 品詞 …………

意　味 …………

言い換え ………… TP

7

スペル ………… 品詞 …………

意　味 …………

言い換え ………… TP

8

スペル ………… 品詞 …………

意　味 …………

言い換え ………… TP

148

LEVEL 3

LEVEL 3はTOEIC例文とBASIC例文に登場したTOEIC頻出単語（通称デル単）だ。音声を聞いて、その単語のスペル、品詞、意味を書いてみよう。1項目10TP、全部書けたら30TP獲得！

9

スペル ………… 品詞 …………

意　味 ………… TP

10

スペル ………… 品詞 …………

意　味 ………… TP

TOTAL TP

7つの文の形❹ ～第4文型～

S + V + O_1 + O_2
〔主語〕〔動詞〕〔目的語〕〔目的語〕

さあ！　文章を作っていこう！　今回はこの形！

I will send you e-mail.
S　V　O　O
私は 送る／あなたに／ e-mailを。

V！ V（動詞）に使うのは目的語を２つ取る“他動詞”！

give（Oに O をあたえる）、tell（Oに O を言う）、teach（Oに O を教える）など、give + O + O や show + O + O のように、目的語を２つとる他動詞がある。

これらの動詞と２つの目的語から成り立つ文を第４文型と呼ぶ。

「SがOにOをVする」と訳す。

目的語を２つ取る動詞(OにOをVする)

give (OにOを与える)	**tell** (OにOを言う)
teach (OにOを教える)	**show** (OにOを見せる)
make (OにOを作る)	**write** (OにOを書く)
pass (OにOをパスする)	**hand** (OにOをわたす)
offer (OにOを申し出る)	**lend** (OにOを貸す)
buy (OにOを買う)	**cook** (OにOを調理する)
ask (OにOを尋ねる)	**bring** (OにOを持ってくる)
pay (OにOを支払う)	**end** (OにOを送る)
play (OにOを演奏する)	**get** (OのためにOを入手する)
find (OのためにOを見つける)	

O（目的語）は名詞なので、第４文型(S+V+O+O)では名詞が２個連続で並ぶことになる。

Buy me lunch and I'll tell you the story.
V O O S V O O
買って／私に／ランチを／そしたら私は教えてあげる／あなたに／話を。

She handed me the key to take care of her dogs during her absence.
S V O O
彼女は渡した／私に／鍵を／面倒をみるために／彼女の犬たちの／彼女の留守の間。

I wrote the board a letter concerning opening of the new plant.
S V O O
私は書いた／役員たちに／手紙を／新しい工場のオープンに関して。

TOEIC L&Rテスト形式問題！

Unit 4で学んだ英単語の語義や使い方を問う、TOEIC L&Rテスト形式の問題に挑戦！　1問50TP、全問正解で150TPだ！ 【答え→p.340】

1. Dalton Real Estate specializes in the management of rental -------.

(A) interests
(B) publications
(C) properties
(D) responsibilities

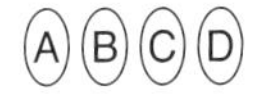

2. Maddox Inc. has ------- a new line of sports drinks aimed at younger people.

(A) extracted
(B) launched
(C) warned
(D) solved

3. The state government ------- a study to learn more about people's leisure activities.

(A) conduct
(B) conducted
(C) conducting
(D) conduction

使ってみよう！

単語の意味を覚えたら、自分でも使えるようになって一人前！　こんな意味のこと、言えるかな？　構造例は「7つの文の形」(p.80)、使う単語はそれぞれの「単語カード」を参考にして取り組もう！　1問につき50TPだよ！

【答え→p.341】

1

不動産業者は私に物件を見せてくれた。

構造例：[S+V+O+O]　使う単語：名 property

第4文型に沿って表現してみよう！　まずはSVから。で、不動産業者って単語はちょっとむずかしいかもしれないけれど、ひとまずは知っている単語でがんばってみよう。

2

現在の状況を説明するために彼にメールを送った。

構造例：[S+V+O+O]　使う単語：形 current

日本語には主語がないことが多い。主語がなんなのかを感じることが英語脳開始の合図だよん。

3

政府はその会社にその商品を販売する許可を与えた。

構造例：[S+V+O+O]　使う単語：動 launch　動 grant

英語は「政府は与えた」からドーン！　とまず言い切ってから始めるのだ！　英語の語順の感覚を体で覚えよう！

TP

Results

Unit 4の獲得 TP を記録しておこう。何 TP 取れたかな？

	1回目	2回目	3回目
POP QUIZ	/ 90 TP	/ 90 TP	/ 90 TP
単語テスト	/ 380 TP	/ 380 TP	/ 380 TP
TOEIC 形式問題	/ 150 TP	/ 150 TP	/ 150 TP
使ってみよう!	/ 150 TP	/ 150 TP	/ 150 TP
TOTAL	/ 770 TP	/ 770 TP	/ 770 TP

emphasize

900
800
650
500
350

【émfəsàiz】動 他 ～を強調する

stress, highlight

TOEIC
The advertisement **emphasized** the wide variety of shoe sizes they hold.
広告は強調した／様々な靴のサイズを／彼らが抱えている。

BASIC
He always **emphasizes** everything he says.
彼はいつも強調する／すべてを／彼が口にする。

目的語の位置にthat節をよく伴うね。

派 **emphasis** stress, importance
名可 強調点　不 強調

put emphasis on/upon ～
覚えよう！

関連語

〔1〕形 suitable ／〔2〕動 stress ／〔3〕名 result

022

reduce

900
800
650
500
350

decrease, cut

TOEIC

The price of all our winter jackets will be **reduced**
当店の冬物のジャケットの値段は減らされる／

by up to 50 percent.
最大50パーセントまで。

BASIC

I know I should **reduce** the amount of oily food
私はわかってる／私が減らすべきことは／脂っこい食べ物の量を／

I eat per day.
私が１日に食べる。

値段の話なら、discountも言い換えで大事。
be reduced/discounted by ～ percent覚えておこう！

名 不 減少、割引、削減

"-tion"名詞でドン！

関連語

〔3〕名 結果（077）

153

023 optimistic

900
800
650
500
350

【àptəmístik】形 楽天的な、楽観的な

positive, hopeful

TOEIC

Some analysts are **optimistic** that
何人かの専門家は楽観的だ／

the recession will end soon.
不景気は終わるだろうと／ まもなく。

BASIC

I'm always **optimistic** about my future.
私はいつも楽天的です／ 自分の未来に関して。

TOEICはoptimisticとhopefulの言い換えが大好き！

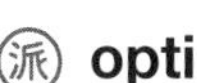

派 **optimistically** positively
副 楽観的に、楽天的に

派 **optimist** positive person
名可 楽天家、楽観主義者

オスカー・ワイルドの名言を
音源でチェック！

関連語

Pop Quiz
〔1〕動 supply ／〔2〕動 request ／〔3〕名 provider

024

admit

900
800
650
500
350

【ædmít】動 他 ①(人)に入ることを許す　②～を認める

accept, allow entry

TOEIC

Store card holders were **admitted** to the sale
お店のカードを持っている人は／　セールへ入ることを許された／

an hour before the general public.
一時間前に／　一般の人たちの。

BASIC

Here, this voucher **admits** two people
はい、／この券は通すよ／　2名を／

to the concert.
コンサートに。

許可する系でも、入ることを許可するのはこの単語！

(派) **admission** access, entry

名 不 ①入る許可、入る権利　②入場料

“fee”をつけてもつけなくても入場料。

〔1〕動 ～を供給する(005)／

〔2〕動 ～を要求する(042)／〔3〕名 供給者(005)

155

025

relevant

900
800
650
500
350

【réləvənt】形 関連がある

TOEIC

First of all, we have to gather
まず、私たちは集めなければならない／

all the **relevant** information we can.
すべての適切な情報を／　　　できるだけ。

BASIC

I don't think that's a **relevant** question.
私は思わない／　それが関連性のある質問だとは／

I can't answer that.
私は答えられない／　それには。

"be relevant to ～"で「～と関係がある」も覚えてね！

〔1〕動 respond ／〔2〕名 account ／〔3〕動 allow

Unit 5 語句一覧

UNIT 5で覚えた語句の一覧だよ。意味を覚えているか、確認してみよう！

動 動詞

	語句		意味
□□□	accept	他	～を受け入れる、～を認める
□□□	**admit**	他	**(人)に入ることを許す、～を認める**
□□□	allow entry		受け入れる
□□□	cut	他	～を縮小する、～を短縮する
□□□	decrease	他	～を減らす
□□□	**emphasize**	他	**～を強調する**
□□□	gather	他	～を集める
□□□	highlight	他	～を強調する
□□□	**reduce**	他	**～を減少させる、～を減らす**
□□□	stress	他	～を強調する

名 名詞

	語句		意味
□□□	access	不	(面会・利用などの)権利、接近方法
□□□	admission	不	入る許可、入る権利
□□□	advertisement	可	広告、宣伝
□□□	amount	可・不	ある量、ある額
□□□	analyst	可	分析者、解説者
□□□	decrease	不	減少
□□□	discount	可・不	割引
□□□	emphasis	可	強調点
□□□	entry	不	(場所・建物へ)入る権利、参加、入会
□□□	holder	可	所持者、保有者
□□□	importance	不	重要さ、重要性
□□□	optimist	可	楽天家、楽観主義者
□□□	positive person	可	前向きな人
□□□	recession	可・不	(一時的)不景気、景気後退
□□□	reduction	不	減少、割引、削減
□□□	stress	不	強調、重点
□□□	variety	不	変化(に富むこと)
□□□	voucher	可	引換券、割引券

〔1〕動 返答する(079) ／〔2〕名 収支計算書(001) ／〔3〕動 ～を許可する(068)

形 形容詞

☑☑☑	hopeful	希望に満ちた、有望な
☑☑☑	**optimistic**	**楽天的な、楽観的な**
☑☑☑	positive	前向きの、積極的な
☑☑☑	related	関係がある
☑☑☑	**relevant**	**関連がある**
☑☑☑	suitable	適した、ふさわしい

副 副詞

☑☑☑	optimistically	楽天的に、楽観的に
☑☑☑	positively	前向きに、(事柄が正しいことを強調して)確かに

前 前置詞

☑☑☑	per	～につき、～ごとに
☑☑☑	up to ~	～まで、～に至るまで

Pop Quiz
Total
Tp

全部で38語!

Unit 5 単語テスト

単語テースト！　これまでに覚えた単語が定着しているか確認だ。3つのレベルに挑戦してもらうぞー！　Here we go!

【答え→p.342】

156

LEVEL 1

まずは必須の見出し語を確認。音声を聞いて、その単語のスペル、品詞、意味、言い換え語を書いてみよう。1項目10TP、全部書けたら40TPだ！

1
スペル .... 品詞 ....
意　味 ....
言い換え .... TP

2
スペル .... 品詞 ....
意　味 ....
言い換え .... TP

3
スペル .... 品詞 ....
意　味 ....
言い換え .... TP

4
スペル .... 品詞 ....
意　味 ....
言い換え .... TP

5
スペル .... 品詞 ....
意　味 ....
言い換え .... TP

157

LEVEL 2

次は関連語を確認。音声を聞いて、その単語のスペル、品詞、意味、言い換え語を書いてみよう。1項目10TP、全部書けたら40TPだ！

6

スペル …… 品詞 ……

意　味 ……

言い換え …… TP

7

スペル …… 品詞 ……

意　味 ……

言い換え …… TP

8

スペル …… 品詞 ……

意　味 ……

言い換え …… TP

158

LEVEL 3

LEVEL 3はTOEIC例文とBASIC例文に登場したTOEIC頻出単語(通称デル単)だ。音声を聞いて、その単語のスペル、品詞、意味を書いてみよう。1項目10TP、全部書けたら30TP獲得！

9

スペル …… 品詞 ……

意　味 …… TP

10

スペル …… 品詞 ……

意　味 …… TP

TOTAL TP

7つの文の形❺ ～第5文型その1：基本～

S + V + O + C
〔主語〕〔動詞〕〔目的語〕〔補語〕

さあ！　文章を作っていこう！　いよいよこの形！

I found Part 7 too lengthy.
S V O C
私は 思った／パート7が／長すぎると。

V！ V（動詞）に使うのは目的語と補語を取る“他動詞”！

find（OがCであるとわかる）、keep（OをCの状態に保つ）、call（OをCと呼ぶ）など。

find + O + C の形で、O（目的語）と C（補語）をとる他動詞がある。

これらの動詞、目的語、補語から成り立つ文を第5文型と呼ぶ。

O（目的語）= C（補語）の関係が成り立つ。

目的語と補語をとる動詞

S + find + O + C	SはOがCであるとわかる/気づく
S + keep + O + C	SはOをCの状態に保つ
S + call + O + C	SはOをCと呼ぶ
S + make + O + C	SはOをCの状態にする/させる
S + leave + O + C	SはOをCの状態のまま放っておく
S + like + O + C	SはOがCの状態を好む
S + believe + O + C	SはOをCと強く思う
S + consider + O + C	SはOをCであると思う

O（目的語）= C（補語）の関係が成り立っていることに注目。

He keeps his desk clean.
S V O C
彼は保つ／彼の机を／きれいに

No one calls those things shinachiku anymore. We call them menma.
S V O C S V O C
誰もしない／呼ぶ／それらを／シナチクと／もはや。／私たちは呼ぶ／それらを／メンマと。

Please leave that door open because I like the air fresh.
V O C S V O C
ママにしておいてください／その扉を／開けた／なぜなら私は好むから／空気が／新鮮なのを。

TOEIC L&Rテスト形式問題！

Unit 5で学んだ英単語の語義や使い方を問う、TOEIC L&Rテスト形式の問題に挑戦！　1問50TP、全問正解で150TPだ！ 【答え→p.343】

1. The new solar panels ------- residential power bills by as much as 40 percent.

(A) reduction
(B) reductive
(C) reduce
(D) reducing

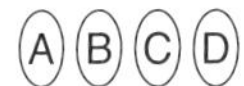

2. The participants felt that the training exercise was very ------- to their work in the company.

(A) selective
(B) relevant
(C) prompt
(D) temporary

3. The Ledbetter Paper Company Web site ------- the company's work in environmental preservation.

(A) emphasizes
(B) succeeds
(C) converts
(D) performs

使ってみよう！

単語の意味を覚えたら、自分でも使えるようになって一人前！　こんな意味のこと、言えるかな？　構造例は「７つの文の形」(p.94)、使う単語はそれぞれの「単語カード」を参考にして取り組もう！　１問につき50TPだよ！

【答え→p.344】

1

きみはそれが売り上げの停滞に大きく関わりがあるって言うのかい？

構造例：〔S+V+O+C〕　使う単語：形 relevant

いろんな形で表現できると思うけど、ここはあえて第５文型で！停滞は“downturn”を使おう。

2

私は、コスト削減に強調点を置くことで、ミーティングを有意義なものにした。

構造例：〔S+V+O+C〕　使う単語：動 reduce　名 emphasis　形 productive

「有意義なもの」が難しいね。“productive”持ってけドロボウ！別の単語でももちろんOK。

3

楽観的に言わせてもらえば、一人か二人だったらIDなしでも、クラブに通してもらうことは可能だと思うよ。

構造例：〔S+V+O+C〕　使う単語：動 admit　副 optimistically

あえて第５文型を使って覚えよう！　“consider”を使ってみたらどうだ？　知的な感じになるぞ！

TP

Cycle 1　Unit 5

Results

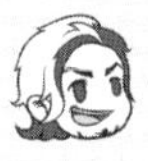

Unit 5の獲得 Tp を記録しておこう。何 Tp 取れたかな？

	1回目	2回目	3回目
POP QUIZ	/ 90 Tp	/ 90 Tp	/ 90 Tp
単語テスト	/ 380 Tp	/ 380 Tp	/ 380 Tp
TOEIC形式問題	/ 150 Tp	/ 150 Tp	/ 150 Tp
使ってみよう!	/ 150 Tp	/ 150 Tp	/ 150 Tp
TOTAL	/ 770 Tp	/ 770 Tp	/ 770 Tp

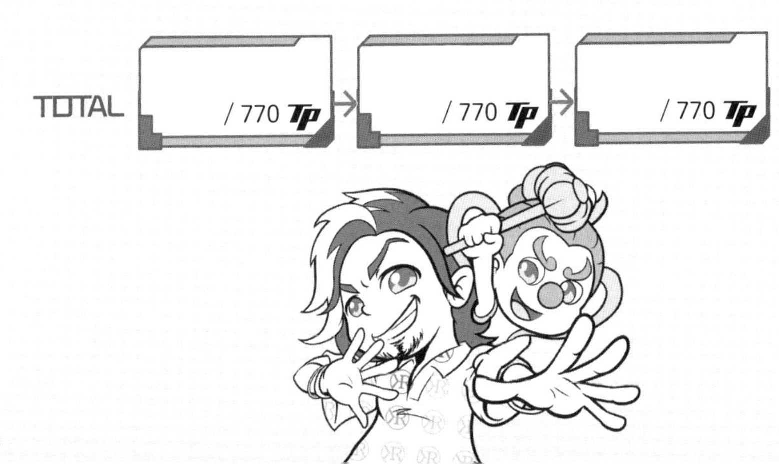

161

026

participate

900
800
650
500
350

【pɑːrtísəpèit】動 自 (活動・行事などに)参加する

attend, take part in

TOEIC

Please notify your manager
知らせてください／ あなたのマネージャーに／

if you are willing to **participate** in the program.
もしあなたが参加することを望むのなら／ そのプログラムに。

BASIC

What do I have to do if I can't **participate**?
私はどうしたらいいの／ もし私が参加できなかったら？

"participate"は自動詞なので"in"とセット。
"attend"は他動詞なので直後に目的語。
自動詞としての使い方もあって、その場合は"at"とセットで
"attend at"の形になるよ。

派 **participation** attendance, entrance
名 不 参加

派 **participant** attendee, entrant
名 可 参加者

事と人で二種類の名詞が
あるんやねー。

関連語

Pop Quiz

〔1〕名 response ／〔2〕動 attend ／〔3〕形 reasonable

027 individual

900
800
650
500
350

【ìndəvídʒuəl】形 個々の、それぞれの

separate, independent

TOEIC

Individual adjustment may be needed when using these headsets.

それぞれの 調節が必要かもしれません／使用するとき／これらのヘッドフォンを。

BASIC

In the beginning, I had a hard time remembering each **individual** name.

最初は、苦労した／覚えることに／一人一人の名前を。

例えば、individual tastes 個人の趣味、
each individual person 各個人。

別 **individual** person

名可 （社会に対して）個人

派 **individually** separately, independently

副 個々に、それぞれ

派 **individualize** customize, feature

動他 ～の個性/特性を際立たせる

〔1〕名 返答(079) ／〔2〕動 出席する(026) ／
〔3〕形 手頃な(086)

028

indicate

900
800
650
500
350

【índikèit】動 他 ～を指し示す

suggest, imply, show

TOEIC

This candidate's profile **indicates** that
この候補者のプロフィールは表している／
he is capable of interpretation.
彼が通訳をできるということを。

BASIC

The thermometer **indicates** 30 degrees Celsius.
温度計は表示している／ 30度を／ セ氏で。

言い換えに"point"もいいかも！

派 **indication**  **sign, implication**
名 不 しるし、徴候

「兆候」というニュアンスを
つかんでおこう。

関連語

〔1〕副 seldom ／〔2〕動 describe ／〔3〕動 react

029

inspire

900
800
650
500
350

【inspáiər】動 他 ～を奮い立たせる

motivate, encourage

TOEIC

His competitive character **inspires** the entire department.
彼の競争心の強い 性格は活気を与える／ 部署 全体に。

BASIC

I was **inspired** to practice in the park after watching the ball game.
私は練習する 気にさせられた／ 公園で／ 見た後／ 野球の試合を。

"be inspired to do"で「doする気にさせられる」！

派 **inspiration** idea, imagination
名 可 不 突然の素晴らしい思いつき

日本語でも
「インスピレーション」。

〔1〕副 めったに～ない(050)／〔2〕動 ～の特徴を述べる(070)／〔3〕動 反応する(079)

165

030

consume

900 800 650 500 350

【kənsúːm】動 他 ～を消費する、～を消耗する

use, spend

TOEIC

Some experts consider it beneficial to consume
何人かの専門家は考えている／　それが有益であると／　摂ることを／

a moderate amount of caffeine.
適量のカフェインを。

BASIC

This car consumes so much gas.
この車は食う／　すごい量のガソリンを。

場合によっては、"eat" とか "drink" も言い換え可能だよね。
"consume hours" で「何時間も費やす」。

派 **consumption** usage, expenditure
名 不 消費

派 **consumer** customer, user
名 可 消費者

なんか日本語でも
「コンシューマー」って言うよね。

関連語

〔1〕副 rarely ／〔2〕名 performance ／〔3〕動 cause

Unit 6 語句一覧

UNIT 6で覚えた語句の一覧だよ。意味を覚えているか、確認してみよう！

動 動詞

□□□	attend	自	出席する、参列する
□□□	consider	他	～と考える、～を考慮する
□□□	**consume**	他	**～を消費する、～を消耗する**
□□□	customize	他	～を注文に応じて作る
□□□	encourage	他	～を励ます
□□□	feature	他	～の特徴がある、～を呼びものにする
□□□	imply	他	～をほのめかす
□□□	**indicate**	他	**～を指し示す**
□□□	individualize	他	～の個性を際立たせる、～の特性を際立たせる
□□□	**inspire**	他	**～を奮い立たせる**
□□□	motivate	他	～にやる気にさせる、～を動機づける
□□□	notify	他	～を知らせる
□□□	**participate**	自	**(活動・行事などに)参加する**
□□□	practice	自	行う、練習する
□□□	show	他	～を展示する、見せる
□□□	spend	他	～を使う、(時間)を過ごす
□□□	suggest	他	～を示す、～を提案する
□□□	take part in		(活動・行事など)に参加する
□□□	use	他	～を費やす、～を使う

名 名詞

□□□	adjustment	可・不	調整、調節
□□□	amount	可・不	ある量、ある額
□□□	attendance	可・不	出席
□□□	attendee	可	出席者、参加者
□□□	candidate	可	候補者、志願者
□□□	character	不	性格、性質
□□□	consumer	可	消費者
□□□	consumption	不	消費
□□□	customer	可	顧客
□□□	degree	可	(経度・緯度・温度などの)度

Pop Quiz Answer 〔1〕副 めったに～にない(050) ／〔2〕名 演技(080) ／〔3〕動 ～の原因となる(001)

☑☑☑	department	可	部門、部
☑☑☑	entrance	可	入場、登場
☑☑☑	entrant	可	(競技への)参加者、新しく入った人
☑☑☑	expenditure	不	消費、支出
☑☑☑	**expert**	可	**熟練した人、専門家**
☑☑☑	idea	可	アイデア、思いつき
☑☑☑	imagination	可・不	想像(力)
☑☑☑	implication	可・不	言外の意味
☑☑☑	**indication**	不	**しるし、徴候**
☑☑☑	**individual**	可	**(社会に対して)個人**
☑☑☑	**inspiration**	可・不	**突然の素晴らしい思いつき**
☑☑☑	**interpretation**	可・不	**通訳**
☑☑☑	**participant**	可	**参加者**
☑☑☑	**participation**	不	**参加**
☑☑☑	person	可	一個人、人
☑☑☑	**profile**	可・不	**プロフィール、横顔**
☑☑☑	sign	可・不	きざし
☑☑☑	usage	不	使用(量)、使い方
☑☑☑	user	可	消費者、使用者

形 形容詞

☑☑☑	**beneficial**	**有益な、助けになる**
☑☑☑	**capable**	**～ができる、可能である**
☑☑☑	**competitive**	**競争力のある、安価な**
☑☑☑	**entire**	**全体の、全部の**
☑☑☑	independent	独立した
☑☑☑	**individual**	**個々の、それぞれの**
☑☑☑	**moderate**	**適度の、並みの**
☑☑☑	separate	個々の、別々の
☑☑☑	**willing**	**快く～する**

副 副詞

☑☑☑	independently	独立して
☑☑☑	**individually**	**個々に、それぞれ**
☑☑☑	separately	別々に

全部で60語！

Unit 6 単語テスト

単語テースト！　これまでに覚えた単語が定着しているか確認だ。3つのレベルに挑戦してもらうぞー！　Here we go!

【答え→p.345】

166

LEVEL 1

まずは必須の見出し語を確認。音声を聞いて、その単語のスペル、品詞、意味、言い換え語を書いてみよう。1項目10TP、全部書けたら40TPだ！

1

スペル ………… 品詞 …………

意　味 …………

言い換え ………… TP

2

スペル ………… 品詞 …………

意　味 …………

言い換え ………… TP

3

スペル ………… 品詞 …………

意　味 …………

言い換え ………… TP

4

スペル ………… 品詞 …………

意　味 …………

言い換え ………… TP

5

スペル ………… 品詞 …………

意　味 …………

言い換え ………… TP

167

LEVEL 2

次は関連語を確認。音声を聞いて、その単語のスペル、品詞、意味、言い換え語を書いてみよう。1項目10TP、全部書けたら40TPだ！

6

スペル …… 品詞 ……

意　味 ……

言い換え …… TP

7

スペル …… 品詞 ……

意　味 ……

言い換え …… TP

8

スペル …… 品詞 ……

意　味 ……

言い換え …… TP

168

LEVEL 3

LEVEL 3はTOEIC例文とBASIC例文に登場したTOEIC頻出単語（通称デル単）だ。音声を聞いて、その単語のスペル、品詞、意味を書いてみよう。1項目10TP、全部書けたら30TP獲得！

9

スペル …… 品詞 ……

意　味 …… TP

10

スペル …… 品詞 ……

意　味 …… TP

TOTAL TP

7つの文の形❻ ～第5文型その2：知覚動詞～

S ＋ V ＋ O ＋ C
〔主語〕 〔動詞〕 〔目的語〕 〔補語〕

さあ！　文章を作っていこう！　ついにこの形！

I saw you talking to your friend.
S V O C
私は 見た／あなたが 話しかけているのを／友達に。

V！ V（動詞）に使うのは目的語と補語を取る"他動詞（知覚動詞）"！

feel（OがCしているのを感じる）、see（OがCしているのを見る）、hear（OがCしているのを聞く）などの知覚動詞を使って第5文型を作ることができる。

S＋V（知覚動詞）＋O（目的語）＋C（分詞もしくは動詞の原形）の形で、SはOがCしている/されている/するのをV（見た/聞いた/感じた）の意味を表す。

第5文型を作る知覚動詞

S + feel + O + C	SはOがCしている/されている/するのを感じる
S + see + O + C	SはOをCしている/されている/するのを見る
S + hear + O + C	SはOがCしている/されている/するのを聞く
S + notice + O + C	SはOをCしている/するのを気づく
S + watch + O + C	SはOをCしている/するのを見る
S + observe + O + C	SはOをCしている/するのを観察する
S + smell + O + C	SはOがCしているのをにおう
S + imagine + O + C	SはOがCしているのを想像する

O（目的語）とC（補語）の間にはS＋Vの関係が成り立つ。

My neighbor heard someone scream.
S V O C
私のご近所さんは聞いた／誰かが叫ぶのを。

Students observed the blue litmus paper changing color.
S V O C
生徒たちは観察した／青いリトマス試験紙が変えるのを／色を。

Everyone don't move. I just felt the earth move.
S V O C
みんな動くな。／私は今感じた／地面が動くのを。

TOEIC L&Rテスト形式問題！

Unit 6で学んだ英単語の語義や使い方を問う、TOEIC L＆Rテスト形式の問題に挑戦！　1問50TP、全問正解で150TPだ！
【答え→p.346】

1. During the hotel's renovations, ------- restaurants may be closed, but at least one will be available to guests.

(A) individually
(B) individual
(C) individuals
(D) individualism

2. Most of the customers agreed to ------- in the annual satisfaction survey.

(A) participates
(B) participant
(C) participate
(D) participated

3. During the summer months, the factory has been ------- more electricity than usual.

(A) impacting
(B) preventing
(C) retiring
(D) consuming

使ってみよう！

単語の意味を覚えたら、自分でも使えるようになって一人前！　こんな意味のこと、言えるかな？　構造例は「7つの文の形」(p.108)、使う単語はそれぞれの「単語カード」を参考にして取り組もう！　1問につき50TPだよ！

【答え→p.347】

1

多くの人々がイベントに参加するを見た。

構造例：〔S+V+O+C〕　使う単語：動 participate 名 individual

知覚動詞の底力を使いこなせ！　構造とボキャ、駒はそろった。あとはやるのみ！　Just do it!

2

私は彼の目が、出発の準備ができていると物語っている（指し示している）のに気づいた。

構造例：〔S+V+O+C〕＋〔S+V+O〕　使う単語：動 indicate

英語順思考こそが英語脳！　「私は気づいた！」から口にしよう。「出発の準備ができていると」の部分は that 節かな～。

3

私は、リチャードが生徒一人一人を奮い立たせようとしているのを見た。

構造例：〔S+V+O+C〕　使う単語：動 inspire 副 individually

リチャード、なんていい先生なんだ（涙）。英語順の構造の中に“try to do”をうまく使ってみよう！

TP

Results

Unit 6の獲得 TP を記録しておこう。何 TP 取れたかな？

	1回目	2回目	3回目
POP QUIZ	/ 90 TP	/ 90 TP	/ 90 TP
単語テスト	/ 380 TP	/ 380 TP	/ 380 TP
TOEIC 形式問題	/ 150 TP	/ 150 TP	/ 150 TP
使ってみよう！	/ 150 TP	/ 150 TP	/ 150 TP
TOTAL	/ 770 TP	/ 770 TP	/ 770 TP

031

accomplish

900
800
650
500
350

【əkάmpliʃ】動 他（仕事・偉業など）～を成し遂げる、～を達成する

achieve, attain

TOEIC

Mr. Porkbelly has **accomplished**
ポークベリーさんは達成した／

a number of great achievements.
いくつかの素晴らしい偉業を。

BASIC

You can **accomplish** anything
あなたは達成することができる／なんでも／

if you believe in yourself and put your mind to it.
もしあなたが自分自身を信じて／　気持ちを込めれば／　それに。

BASIC例文っ！　信じて進め～い！

別 **accomplishment** achievement, performance
名可 功績、偉業　不 達成

"accomplishments"を
背中で語ろう！

関連語

Pop Quiz

〔1〕名 division ／〔2〕動 announce ／〔3〕動 require

032

previous

900
800
650
500
350

【príːviəs】形 前の、以前の

≒ former, prior

TOEIC

The previous owner took extra care to maintain the beautiful garden.
前のオーナーは特に気を使った／維持するために／美しい庭を。

BASIC

I bet I've met you in a previous life.
間違いなくおれは会ったことがある／あなたに／前世で。

他にも "a previous record" で「前歴」、"a previous appointment"「先約」。

派 **previously** ≒ before, formerly
副 以前に、前もって

"ly"ついてりゃ大体副詞♪

〔1〕名 区分(094) ／〔2〕動 ～を公表する(014) ／
〔3〕動 ～を要求する(042)

033

adequate

900
800
650
500
350

【ǽdikwət】形 （～のために／するのに）十分な、適正な

sufficient, ample

TOEIC

An **adequate** number of parking spaces will be
十分な 数の 駐車スペースが必要とされる／
needed for the upcoming expo.
今度の国際博覧会のために。

BASIC

Practicing once a week is not **adequate**
一週間に一度の練習は十分ではない／
if you want to be a pro.
もしあなたがなりたいのなら／プロに。

もちろん言い換えには“enough”も！　腹八分目的な、「適度の」って意味で“moderate”も。

派 **adequately** sufficiently, modestly
副 十分に、そこそこに

まあ知的な副詞がそろったこと！

関連語

〔1〕動 propose ／〔2〕形 ordinary ／〔3〕動 profit

encourage

900
800
650
500
350

【inkə́ːridʒ】動 他 (人)に～するよう勧める

recommend, suggest

TOEIC

All staff members are **encouraged** to participate in the workshop.
すべての従業員は推奨されている／参加することを／そのワークショップに。

BASIC

My friend **encouraged** me to practice my pronunciation with this book.
友達が薦めた／私に／自分の発音を練習することを／この本で。

"encourage 人 to do"！
"courage"は「勇気」。勇気100倍！

〔1〕動 ～を提案する(047) ／〔2〕形 普通の(075) ／
〔3〕動 ～のためになる(091)

035

extend

900
800
650
500
350

【ikstend】動 他 ～を延ばす、～を広げる

lengthen, expand

TOEIC
We can **extend** the term for no more than half a month.
私たちは延ばせる／ 期間を／ 半月未満。

BASIC
The government **extended** the Skytrain railway to Richmond.
政府は伸ばした／ スカイトレインの線路を／ リッチモンドまで。

派 **extensive** broad, comprehensive
形 広い、広大な

派 **extension** expansion, addition
名 可 拡張部分、(電話の)内線

関連語

〔1〕動 select ／〔2〕動 suggest ／〔3〕動 display

Unit 7 語句一覧

UNIT 7で覚えた語句の一覧だよ。意味を覚えているか、確認してみよう！

動 動詞

	語句		意味
□□□	**accomplish**	他	**（仕事・偉業など）～を成し遂げる、～を達成する**
□□□	achieve	他	（目標・基準など）～を達成する
□□□	attain	他	（長い努力の末に）～を達成する
□□□	bet	他	きっと～である
□□□	**encourage**	他	**（人）に～するよう勧める、～を勇気づける**
□□□	expand	他	（大きさ・数量の点で）～を広げる、（会社・事業）を拡大させる
□□□	**extend**	他	**～を延ばす、～を伸ばす**
□□□	lengthen	他	（物）を長くする、（時間）を延長する
□□□	maintain	他	～を維持する、～を保つ
□□□	participate	自	（活動・行事などに）参加する
□□□	practice	自	行う、練習する
□□□	practice	他	～を行う、～を練習する
□□□	recommend	他	（～することを／～だと）勧める
□□□	suggest	他	～を勧める

名 名詞

	語句		意味
□□□	accomplishment	可	功績、偉業
□□□	achievement	可・不	達成、業績
□□□	addition	不	追加
□□□	care	不	心配、気がかり
□□□	expansion	可・不	拡張
□□□	extension	可	拡張部分、（電話の）内線
□□□	government	可	政府、政権
□□□	parking	不	駐車
□□□	performance	可・不	業績
□□□	railway	可	鉄道線路
□□□	term	可	期間
□□□	workshop	可	ワークショップ、講習会

〔1〕動（～を慎重に）選び出す／〔2〕動 ～を示す(028)／〔3〕動 ～を展示する

Unit 1
Unit 2
Unit 3
Unit 4
Unit 5
Unit 6
Unit 7

形 形容詞

☑☑☑	a number of ~	いくつかの、いくらかの
☑☑☑	**adequate**	**(~のために/するのに)十分な、適正な**
☑☑☑	ample	十分な
☑☑☑	broad	(幅の)広い、広々とした
☑☑☑	comprehensive	包括的な
☑☑☑	extensive	広い、広大な
☑☑☑	former	以前の
☑☑☑	**previous**	**前の、以前の**
☑☑☑	prior	前の
☑☑☑	sufficient	十分な
☑☑☑	upcoming	やってくる、近づく

副 副詞

☑☑☑	adequately	十分に、そこそこに
☑☑☑	before	以前に
☑☑☑	formerly	以前は
☑☑☑	modestly	ほどほどに
☑☑☑	previously	以前に、前もって
☑☑☑	sufficiently	十分に

Tp

全部で43語!

Unit 7 単語テスト

単語テースト！　これまでに覚えた単語が定着しているか確認だ。3つのレベルに挑戦してもらうぞー！　Here we go!
【答え→p.348】

176

LEVEL 1

まずは必須の見出し語を確認。音声を聞いて、その単語のスペル、品詞、意味、言い換え語を書いてみよう。1項目10TP、全部書けたら40TPだ！

1
スペル　　品詞
意　味
言い換え　　TP

2
スペル　　品詞
意　味
言い換え　　TP

3
スペル　　品詞
意　味
言い換え　　TP

4
スペル　　品詞
意　味
言い換え　　TP

5
スペル　　品詞
意　味
言い換え　　TP

177

LEVEL 2

次は関連語を確認。音声を聞いて、その単語のスペル、品詞、意味、言い換え語を書いてみよう。1項目10TP、全部書けたら40TPだ！

6

スペル 品詞

意　味

言い換え TP

7

スペル 品詞

意　味

言い換え TP

8

スペル 品詞

意　味

言い換え TP

178

LEVEL 3

LEVEL 3はTOEIC例文とBASIC例文に登場したTOEIC頻出単語（通称デル単）だ。音声を聞いて、その単語のスペル、品詞、意味を書いてみよう。1項目10TP、全部書けたら30TP獲得！

9

スペル 品詞

意　味 TP

10

スペル 品詞

意　味 TP

TOTAL TP

7つの文の形❼ ～第5文型その3：使役動詞～

S + **V** + **O** + **C**
〔主語〕 〔動詞〕 〔目的語〕 〔補語〕

さあ！　文章を作っていこう！　最後にこの形！

Snakes make Jessica scream.
S　V　O　C
ヘビは させる／ジェシカが 叫ぶことを。

V！ V（動詞）に使うのは目的語と補語を取る“他動詞（使役動詞）”！

make（OにCさせる）、have（OにCしてもらう）、let（OにCさせてあげる）など、使役動詞を使って第5文型を作ることができる。
S＋V（使役動詞）＋O（目的語）＋C（動詞の原形）の形で、
SはOにC（させる/してもらう/させてあげる）の意味を表す。

使役動詞を使った第5文型

S + make + O + C	SはOにCさせる
S + have + O + C	SはOにCしてもらう
S + let + O + C	SはOにCさせてあげる

C（補語）が動詞の原形ではなく、to不定詞（to＋動詞の原形）の場合もある

S + get + O + C　　SはOにCしてもらう

Ex. <u>She</u> <u>got</u> <u>her boyfriend</u> <u>to buy</u> her a ring.
彼女はしてもらった／彼女のボーイフレンドに／買うことを／指輪を。
SVOC（to不定詞 or 動詞の原形）

使役動詞ではないが、第5文型を作り、C（補語）に動詞の原形を伴う

S + help + O + C　　S は O が C するのを 助ける

O（目的語）と C（補語）の間には S + V の関係が成り立つ。
C（補語）が動詞の原形であることを確認。

<u>I</u> <u>had</u> <u>him</u> <u>drive</u> me home.
S V O C
私はしてもらった／彼が車で送ることを／私を家まで。

<u>Let</u> <u>me</u> <u>know</u> when you are ready.
V O C
させて／私が知ることを／あなたが準備できたら。

<u>I'</u><u>ll help</u> <u>you</u> <u>get out</u> of this miserable situation.
S V O C
私は助けてあげる／あなたが抜け出すことを／この悲惨な状況から。

TOEIC L&Rテスト形式問題！

Unit 7で学んだ英単語の語義や使い方を問う、TOEIC L&Rテスト形式の問題に挑戦！　1問50TP、全問正解で150TPだ！ 【答え→p.349】

1. The new air conditioners should be ------- for year-round use.

(A) adequate
(B) selective
(C) wealthy
(D) harmful

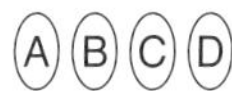

2. Job applicants must have ------- employment in a managerial position.

(A) defective
(B) critical
(C) precise
(D) previous

3. Mr. Smith ------- his stay in order to visit some potential customers in Woodhill.

(A) extensive
(B) extended
(C) extension
(D) extensively

使ってみよう！

単語の意味を覚えたら、自分でも使えるようになって一人前！　こんな意味のこと、言えるかな？　構造例は「７つの文の形」(p.122)、使う単語はそれぞれの「単語カード」を参考にして取り組もう！　１問につき50TPだよ！

【答え→p.350】

1

政府は私のビザを延長させてくれなかった。

構造例：〔S+V+O+C〕　使う単語：動 extend

はちゃー。主語は “The government” から始めるとして、完全に鍵はどの使役動詞を使うかだね。はてさて！

2

私はお母さんに半年はもつであろうインスタントみそ汁をトランクに詰めてもらった。

構造例：〔S+V+O+C〕　使う単語：形 adequate

どんだけ味噌汁好きなんだよ！　英語脳モードオンで、S「私は」V「してもらった」O「お母さんに」C「詰める」で、何を？　と続く！

3

リチャードは、あきらめないように勇気付けることで、私がすべてを達成することを助けてくれた。

構造例：〔S+V+O+C〕　使う単語：動 accomplish　動 encourage

またまた、どんだけいい先生なんだ、リチャードは！ってそれはもういいとして、Vは「助けてくれた」だぞ！

TP

Results

Unit 7の獲得 TP を記録しておこう。何 TP 取れたかな？

	1回目	2回目	3回目
POP QUIZ	/ 90 TP	/ 90 TP	/ 90 TP
単語テスト	/ 380 TP	/ 380 TP	/ 380 TP
TOEIC形式問題	/ 150 TP	/ 150 TP	/ 150 TP
使ってみよう!	/ 150 TP	/ 150 TP	/ 150 TP
TOTAL	/ 770 TP	/ 770 TP	/ 770 TP

Cycle 1 語句一覧

Cycle 1で登場した語句を、500点を取るための「エントリー語彙レベル」と、それ以上を目指すための「アドバンス語彙レベル」に分け、品詞別に掲載。スペルや品詞、意味を覚えているか、確認してみよう！

取れるぞ500点！ エントリー語彙レベル

動 動詞

accept	他	～を受け入れる
announce	他	～を公表する
attach	他	**～を添付する**
attend	自	出席する
bet	他	**きっと～である**
cause	他	～の原因となる
change	他	～を変える
conduct	他	**～を行う**
consider	他	**～と考える**
crowd	他	**～に群がる**
customize	他	～を注文に応じて作る
cut	他	～を縮小する
decrease	他	～を減らす
discuss	他	**～について話し合う**
display	他	～を展示する
feature	他	～の特徴がある
fight	自	戦う
gather	他	**～を集める**
give	他	～を与える
give reasons		理由を述べる
go	自	行く
highlight	他	～を強調する
introduce	他	(法律・制度など)を取り入れる
maintain	他	**～を維持する**
move	自	移動する
practice	自	**行う**
practice	他	**～を行う**
provide	他	**～を供給する**
put on	他	～を身につける
recommend	他	(～することを／～だと)勧める
remove	他	～を取り去る
satisfy	他	**～を満足させる**
say	他	～について言う
separate	他	～を分ける
show	他	～を展示する
spend	他	～を使う
start	他	～を始める
stick	他	～を貼り付ける
stress	他	～を強調する
suggest	他	～を示す、～を勧める
supply	他	～を供給する
survive	自	**生き残る**
train	他	**～を訓練する**
use	他	～を費やす

名 名詞

access	不	(面会・利用などの)権利
account	可	**収支計算書**
addition	不	追加
agency	可・不	**代理店**
amount	可・不	**ある量**
announcement	可・不	**告知**
battle	可・不	戦闘
brand	可・不	**ブランド**

care	不	心配
cash	不	現金
change	可・不	変化
character	不	性格
contest	可	競争
contract	可・不	契約
conversation	可・不	会話
coupon	可	クーポン
customer	可	顧客
degree	可	(経度などの)度
department	可	部門
discount	可・不	割引
drink	不	飲み物
employee	可	従業員
entrance	可	入り口、入場
entry	不	入る権利
equipment	不	機材
expert	可	熟練した人
fan	可	ファン
finance	不	財政
game	可	試合
government	可	政府
guide	可	案内人
guideline	可	指針
idea	可	アイデア
imagination	可・不	想像(力)
importance	不	重要さ
introduction	不	(製品などの)発売
issue	可	問題、発行されたもの
lover	可	愛好家
money	不	貨幣
parking	不	駐車
passion	可・不	熱中
perfor-mance	可・不	業績
person	可	一個人
policy	可・不	**方針**
positive person	可	前向きな人
process	可	手順
product	可・不	製品
profit	可・不	利益
progress	不	成長
provider	可	供給者
railway	可	鉄道線路
report	可	報道
rival	可	競争相手
rule	可	規則
show	可	展示会
sign	可・不	きざし
start	可	開始
stress	不	強調
term	可	期間
ticket	可	チケット
trend	可	傾向
user	可	消費者
variety	不	変化(に富むこと)
way	可	やり方

形 形容詞

a number of ～	いくつかの
absent	欠席して
broad	(幅の)広い
commercial	商業の
creative	創造的な
economic	経済の
entire	全体の
fast	速い
original	独創的な
positive	前向きの
present	現在の
quick	速い
reasonable	手頃な
separate	個々の
sufficient	十分な
willing	快く～する

副 副詞

before	以前に
fast	速く
now	現在(では)
quickly	速く

前 前置詞

per	～につき

中上級を目指せ！　アドバンス語彙レベル

動 動詞

accomplish	他	**(仕事・偉業など)～を成し遂げる**
account	自	**原因となる**
achieve	他	(目標・基準など)～を達成する
administer	他	～を執行する
admit	他	**(人)に入ることを許す**
allow entry		受け入れる
alter	他	～を変える
attain	他	(長い努力の末に)～を達成する
carry out	他	～を遂行する
compete	自	**競争する**
consume	他	**～を消費する**
contain	他	～(容器・場所などが)(物)を含む
contend	自	争う
convert	他	**～を変える**
demonstrate	他	～をはっきり示す
detach	他	**～を引き離す**
emphasize	他	**～を強調する**
encourage	他	**(人)に～するよう勧める**
exhibit	他	**～を展示する**
expand	他	(大きさ・数量の点で)～を広げる
expire	自	期限が切れる
extend	他	**～を延ばす**
fill out ～	他	～を完成させる
grant	他	～を与える
imply	他	～をほのめかす
include	他	～を(全体の中の一部として)含む
indicate	他	**～を指し示す**
individualize	他	～の個性を際立たせる
inspire	他	**～を奮い立たせる**
involve	他	**～を含む**
launch	他	**～を始める**
lengthen	他	(物)を長くする
modify	他	～を修正する
motivate	他	～にやる気にさせる
notify	他	～を知らせる
occur	自	起こる
participate	自	**(活動・行事などに)参加する**
permit	他	～を許可する
proceed	自	**進む**
reduce	他	**～を減少させる**
state	他	**～をはっきりと述べる**
take part in		(活動・行事など)に参加する

名 名詞

accomplishment	可	功績
accountant	可	会計士
accounting	不	経理
achievement	可·不	業績、達成
adjustment	可·不	調整
administrator	可	管理者
admission	不	入る許可
advertisement	可	広告
alteration	可·不	変更
analyst	可	分析者
attendance	可·不	出席
attendee	可	出席者
beverage	可	**(水·薬以外のすべての)飲料**
bookkeeper	可	帳簿係
bookkeeping	不	簿記
candidate	可	候補者
competition	可	競技大会
competitor	可	競争相手
conductor	可	指導者
consumer	可	消費者
consumption	不	消費
contestant	可	競争者
conversion	可·不	変換
council	可	(公の)会議
currency	可·不	貨幣
decrease	不	減少
eagerness	不	熱望
emphasis	可	強調点
enthusiasm	不	熱狂
enthusiast	可	熱狂者
entrant	可	(競技への)参加者
exhibit	可	展示会
exhibition	可	展示会
expansion	可·不	拡張
expenditure	不	消費
extension	可	拡張部分
financial statement		(通常複数形で)財務表
funding	不	資金
grant	可	**助成金**
holder	可	所持者
implication	可·不	言外の意味
indication	不	しるし
individual	可	(社会に対して)個人
innovation	可	新しいアイデア
inspiration	可·不	突然の素晴らしい思いつき
interpretation	可·不	通訳
launch	不	(事業や開始製品の売り出しなどの)開始
loss	可	損失
merchandise	不	(集合的に)商品
modification	可·不	(部分的な)修正
occupation	可·不	職業
opponent	可	敵対者
optimist	可	楽天家
outlook	可	見通し
participant	可	参加者
participation	不	参加
plug	可	プラグ
premise	可	(通常複数形で)敷地
procedure	可	手順
proceed	可	(通常複数形で)収益
profile	可·不	プロフィール
property	不	**不動産**
real estate	可·不	不動産
recession	可·不	(一時的)不景気
reduction	不	減少
revenue	可	(通常複数形で)(会社の)総利益
site	可	敷地
source	可	源
statement	可	陳述

subsidy	可・不	助成金
supervisor	可	上司
supplier	可	供給者
survey	可・不	調査
update	可・不	最新化
usage	不	使用(量)
voucher	可	**引換券**
warranty	可・不	保証
workshop	可	ワークショップ

形 形容詞

adequate	**(～のために/するのに)十分な**
ample	十分な
beneficial	有益な
capable	～ができる
competitive	競争力のある
complimentary	無料の
comprehensive	包括的な
current	現在の
eager	熱望して
elderly	年配の
eligible	ふさわしい
enthusiastic	**熱狂的な**
extensive	広い
former	以前の
hopeful	希望に満ちた
independent	独立した
individual	**個々の**
inexpensive	(値打ちの割に値段が)安い
innovative	**革新的な**
moderate	適度の
optimistic	**楽天的な**
passionate	情熱的な
previous	**前の**
prior	前の
rapid	**速い**
related	関係がある
relevant	**関連がある**
suitable	適した
upcoming	やってくる
valid	有効な

副 副詞

adequately	十分に
currently	現在
formerly	以前は
independently	独立して
individually	個々に
modestly	ほどほどに
optimistically	楽天的に
positively	前向きに
presently	現在
previously	以前に
rapidly	速く
separately	別々に
sufficiently	十分に

前 前置詞

regarding	～に関して
up to ～	～まで

Cycle 1 大単語テスト

Cycle 1で学習した単語をまとめて復習しよう。

【答え→p.351】

LEVEL 4

まずは見出し語と関連語を確認。音声を聞いて、その単語のスペル、品詞、意味、そして言い換え語を書いてみよう。1項目20TP、全部書けたら80TPだ！

1

スペル ________ 品詞 ________

意　味 ________

言い換え ________ TP

2

スペル ________ 品詞 ________

意　味 ________

言い換え ________ TP

3

スペル ________ 品詞 ________

意　味 ________

言い換え ________ TP

4

スペル ________ 品詞 ________

意　味 ________

言い換え ________ TP

5

スペル ________ 品詞 ________

意　味 ________

言い換え ________ TP

6

スペル ________ 品詞 ________

意　味 ________

言い換え ________ TP

7
スペル 品詞
意　味
言い換え TP

8
スペル 品詞
意　味
言い換え TP

9
スペル 品詞
意　味
言い換え TP

10
スペル 品詞
意　味
言い換え TP

182

LEVEL 5

ここからはデル単が出題範囲だ。音声を聞いて、その単語のスペル、品詞、意味を書いてみよう。1項目20TP、全部書けたら60TP獲得!!

	スペル	品詞	意　味	
11				TP
12				TP
13				TP
14				TP
15				TP
16				TP
17				TP
18				TP

TOTAL TP

DJリチャードの発音講座 1

日本語にない母音 191-192

ここは音による講座！
音声で会おう！

※英単語訳、例文の後ろの[　　]内は単語カードの番号です。

しゃくれの「あ」æの例 193

《例》

aspect【ǽspekt】
（側面）[059]

rapid【rǽpid】
（速い）[006]

demand【dimǽnd】
（需要）[042]

evaluate【ivǽljuèit】
（～を査定する）[057]

イメージ

あくびの「あ」ɑの例 194

《例》

policy【pɑ́ləsi】
（方針）[012]

optimistic【ɑ̀ptəmístik】
（楽観的な）[023]

colleague【kɑ́liːg】
（同僚）[039]

accommodate【əkɑ́mədèit】
（～を収容する）[056]

舌を引く音の例

《例1》最初から舌を引くもの

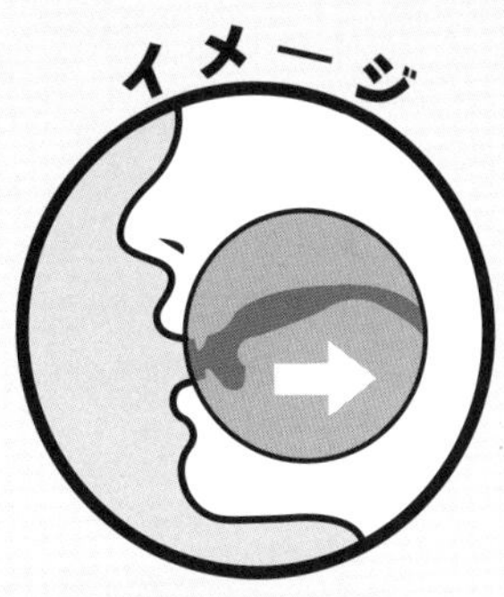

occur【əkə́ːr】
（起こる）[036]

earn【ə́ːrn】
（～を得る）[046]

merge【mə́ːrdʒ】
（合併する）[073]

concern【kənsə́ːrn】
（～を心配させる）[084]

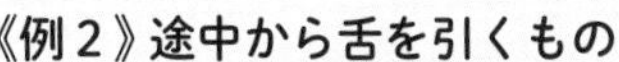
《例2》途中から舌を引くもの

regarding【rigáːrdiŋ】
（～について）[062]

ordinary【ɔ́ːrdənèri】
（普通の）[075]

perform【pərfɔ́ːrm】
（～をする）[080]

inspire【inspáiər】
（～を奮い立たせる）[029]

TANGO-OH

Cycle2

036

occur

900
800
650
500
350

【əkə́ːr】動 自 起こる

happen, take place

TOEIC

This red indicator lights up when a printing error occurs.

この赤い指示器(ランプ)は点灯します／ 印刷のエラーが／起きた時。

BASIC

Fate is something that is meant to occur.

運命はものである／ 意味されている／ 起こることが。

日常会話ではまず使うことはないかな〜。恐るべしTOEIC（笑）。
つまりはhappen。完全に言い換え可能。

派 **occurrence** happening, event

名 可 出来事 不 起こること、発生

長っ！ やっぱ普通は“event”
って言いたくなってまう。

関連語

〔1〕名 proposal ／〔2〕動 participate ／〔3〕名 reflection

037

opt

900
800
650
500
350

【ɑ́pt】動 自（〜のどちらかを）選ぶ、（〜の方を）選ぶ

choose, select

TOEIC

Millions of viewers **opted** to watch the game live
何百万人もの視聴者は選びました／　見ることを／　試合を／　生で／
at 3:00 o'click in the morning.
午前3時に。

BASIC

Given the choice, most of my generation would
選択を与えられると、／　私の世代のほとんどは選ぶ／
opt for pop music over Japanese enka.
ポップスを／　日本の演歌より。

どちらかを選ぶ場合は“opt between A and B”。
何かを選ぶ場合は“for”で繋いだり、“to do”だ！

派 **optional** not required, voluntary
形 選択の

派 **option** choice, selection
名 可 選択、選択権、オプション

“have no option”で「仕方がない」。

関連語

〔1〕名 提案（047）／〔2〕動（活動・行事などに）参加する（026）／〔3〕名 反映（055）

213

038 outstanding

900
800
650
500
350

【àutstǽndiŋ】形 他 傑出した、特に優れた（、目立った）

excellent, prominent

TOEIC

You have made an **outstanding** contribution
あなたはしました／ 傑出した 貢献を／

to our company.
我が社に。

BASIC

The sushi at that restaurant is just **outstanding**.
そのお店の寿司はとにかく最高だ。

基本は優れているっていう意味やけど、"outstanding payment"で「未払い金」。ゴーン。

〔1〕動 accomplish ／〔2〕名 personnel ／〔3〕動 demand

214

039

colleague

900
800
650
500
350

【kάliːg】名 可 同僚

coworker, associate

TOEIC

I have observed a lack of team-spirit
私は見た／ チームワークの欠如を／

among my colleagues.
私の同僚たちの間での。

BASIC

She is our colleague, Naoko. Everyone calls
彼女は私たちの同僚の直子です。／ みんなは呼んでいます／

her Momose-sensei.
彼女を／百瀬先生と。

英語で言う“同僚”は部下も上司も含むよ。
発音「カレーエッグ」じゃないからね(笑)。

〔1〕動（仕事・偉業など）～を成し遂げる（031）／
〔2〕名 全職員（102）／〔3〕動 ～を要求する（042）

215

040

comply

900
800
650
500
350

【kəmplái】動 自 従う、応じる

adhere, abide

TOEIC

Many people do not **comply** with the guidance to
多くの人は従わない／ 分別する ガイダンスに／

separate their garbage.
自分のゴミを。

BASIC

If you don't **comply** with the club's rules,
もし従わなければ／ クラブのルールに、／

you'll be asked to leave.
あなたは言われる／ 立ち去るように。

自動詞なのでwithとセットで覚える！ あと言い換えは、
普通に言いたかったら"follow"だ！
言い換え語の"adhere"と"abide"も自動詞なので、それぞれ
"adhere to"、"abide by"とセットで覚えてね。

派 **compliance**  adherence, observance
名 不 従うこと、順守

"in compliance with ～"で
「～に従う」。

関連語

Pop Quiz

〔1〕形 individual ／〔2〕動 refer ／〔3〕動 persuade

Unit 1 語句一覧

UNIT 1で覚えた語句の一覧だよ。意味を覚えているか、確認してみよう！

動 動詞

☑☑☑	abide	自	(規則・決定などに同意できなくても)従う
☑☑☑	adhere	自	(規則・信念・主義などに)忠実に従う
☑☑☑	choose	自	(〜の間から)選ぶ
☐☐☐	**comply**	自	**従う、応じる**
☐☐☐	happen	自	起こる
☐☐☐	leave	自	去る、出発する
☐☐☐	observe	他	〜ということに気付く
☐☐☐	**occur**	自	**起こる**
☐☐☐	**opt**	自	**(〜のどちらかを)選ぶ、(〜の方を)選ぶ**
☐☐☐	print	他	〜を印刷する
☐☐☐	select	自	(〜を慎重に)選び出す
☐☐☐	separate	他	〜を分ける
☐☐☐	take place		起こる

名 名詞

☐☐☐	adherence	不	(規則の)順守、(主義・信念への)固執
☐☐☐	associate	可	仲間、同僚
☐☐☐	choice	可・不	選択、選ぶこと
☐☐☐	**colleague**	可	**同僚**
☐☐☐	compliance	不	従うこと、順守
☐☐☐	contribution	不	貢献、寄与
☐☐☐	coworker	可	同僚
☐☐☐	event	可	(重要な・変わった)出来事
☐☐☐	garbage	不	ゴミ、生ゴミ
☐☐☐	generation	可	(集合的に)同世代の人々
☐☐☐	guidance	不	ガイダンス、案内
☐☐☐	happening	可	(通例複数形で)(思いがけない)出来事
☐☐☐	indicator	可	表示計器、メーター

〔1〕形 個々の(027) ／〔2〕動 言及する(074) ／〔3〕動 〜を説得する(104)

Unit 1
Unit 2
Unit 3
Unit 4
Unit 5
Unit 6
Unit 7

☑☑☑	lack	不	欠如、不足していること
☑☑☑	observance	不	(規則・法律などの)順守
☑☑☑	occurrence	可	出来事
☑☑☑	option	可	選択、選択権、オプション
☑☑☑	selection	不	選択

形 形容詞

☑☑☑	excellent	非常に優れた
☑☑☑	not required	必須ではない
☑☑☑	optional	選択の
☑☑☑	**outstanding**	**傑出した、特に優れた(目立った)**
☑☑☑	prominent	卓越した、目立った
☑☑☑	voluntary	自発的な

Tp

全部で37語!

Unit 1 単語テスト

単語テースト！　これまでに覚えた単語が定着しているか確認だ。3つのレベルに挑戦してもらうぞー！　Here we go!　【答え→p.353】

216

LEVEL 1

まずは必須の見出し語を確認。音声を聞いて、その単語のスペル、品詞、意味、言い換え語を書いてみよう。1項目10TP、全部書けたら40TPだ！

1
スペル　　品詞
意　味
言い換え　　TP

2
スペル　　品詞
意　味
言い換え　　TP

3
スペル　　品詞
意　味
言い換え　　TP

4
スペル　　品詞
意　味
言い換え　　TP

5
スペル　　品詞
意　味
言い換え　　TP

217

LEVEL 2

次は関連語を確認。音声を聞いて、その単語のスペル、品詞、意味、言い換え語を書いてみよう。1項目10TP、全部書けたら40TPだ！

6
スペル …… 品詞 ……
意　味 ……
言い換え …… TP

7
スペル …… 品詞 ……
意　味 ……
言い換え …… TP

8
スペル …… 品詞 ……
意　味 ……
言い換え …… TP

218

LEVEL 3

LEVEL 3はTOEIC例文とBASIC例文に登場したTOEIC頻出単語（通称デル単）だ。音声を聞いて、その単語のスペル、品詞、意味を書いてみよう。1項目10TP、全部書けたら30TP獲得！

9
スペル …… 品詞 ……
意　味 …… TP

10
スペル …… 品詞 ……
意　味 …… TP

TOTAL TP

TOEIC L&Rテスト形式問題！

Cycle 2 Unit 1 で学んだ英単語の語義や使い方を問う、TOEIC L&R テスト形式の問題に挑戦！ 1問50TP、全問正解で150TPだ！ 【答え→p.354】

1. Mr. Miller was rewarded for his ------- work on the Carpenter Dam project.

(A) outstanding
(B) alarming
(C) tempting
(D) disturbing

2. Many customers ------- to buy an extended warranty when they purchase a new television.

(A) optional
(B) optionally
(C) opt
(D) options

3. The factory's waste removal procedures ------- with all local regulations.

(A) compliant
(B) compliable
(C) comply
(D) compliance

Cycle2

使ってみよう！

単語の意味を覚えたら、自分でも使えるようになって一人前！　こんな意味のこと、言えるかな？　構造例は「7つの文の形」(p.38)、使う単語はそれぞれの「単語カード」を参考にして取り組もう！　1問につき50TPだよ！

【答え→p.355】

1 ●○○

その事故は明け方4時ごろに起こった。

構造例：〔S+V〕　使う単語：動 occur

なかなか深刻な事故っぽいね、いやなんか時間的に……それはともかく、まずはSV！　時間は前置詞“at”で繋げばOKよ。

2 ●●○

そのカップルは早期退職し、バンクーバーに引っ越すことを決めた。

構造例：〔S+V〕＋〔S+V+O〕　使う単語：動 opt

見出し語の自動詞“opt”を使えば、お題である第1文型はできるわけだけど、どう使うががトンチですな〜。

3 ●●●

私のルールに従えないのなら、辞めちまいな。

構造例：〔S+V〕＋〔S+V〕　使う単語：動 comply

“comply”を使って第1文型、そして「辞めちまいな」の部分も「辞める」の“quit”を使えば第1文型になるぞ！

TP

Cycle 2　Unit 1

Results

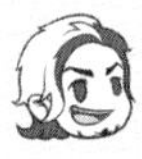

Unit 1の獲得 TP を記録しておこう。何 TP 取れたかな？

	1回目	2回目	3回目
POP QUIZ	/ 90 TP	/ 90 TP	/ 90 TP
単語テスト	/ 380 TP	/ 380 TP	/ 380 TP
TOEIC形式問題	/ 150 TP	/ 150 TP	/ 150 TP
使ってみよう!	/ 150 TP	/ 150 TP	/ 150 TP
TOTAL	/ 770 TP	/ 770 TP	/ 770 TP

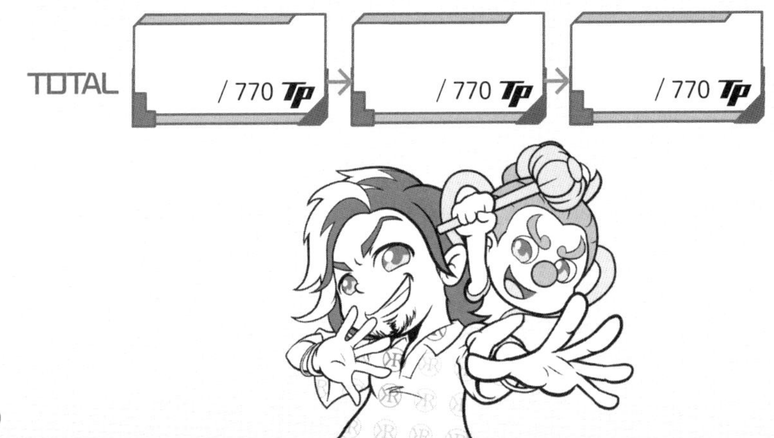

221

041

reimburse

900
800
650
500
350

【riːimbə́ːrs】動 他 ～を返済する、～を払い戻す

 refund, compensate

TOEIC

We will **reimburse** you for your travel expenses.
私たちは払い戻す／あなたに／あなたの交通費に対して。

BASIC

My insurance company will **reimburse**
私の保険会社は返金する／
the medical fees.
医療費を。

使い方として、"reimburse お金 to 人" と "reimburse 人 (for) A" は覚えておこう！

㊮ **reimbursement**  refund, compensation
名 可 不 返済、弁償、補償

こんな単語を知ってる君は単語王！

関連語

〔1〕動 indicate ／〔2〕動 prohibit ／〔3〕名 property

042

demand

900
800
650
500
350

request, require

TOEIC

The steering committee **demanded** that
運営 委員会は要求した／
the heads review the changes.
リーダーたちに見直すようにと／変更点を。

BASIC

I **demand** an apology for what you've done to me.
私は要求する／ 謝罪を／ あなたが私にしたことに対して。

that節内は仮定法現在といって、動詞が原形になるぞ！
言い換えで"ask for"も忘れないでやってくれ……！

名 可 要求、請求 不 需要

派 **demanding** tough, challenging

形 (人が)あまりに多くを要求する

"demand for ～"で
「～への需要」。

〔1〕動 ～を指し示す(028) ／
〔2〕動 ～を禁止する(065) ／ 〔3〕名 不動産(017)

043 # dedicate

900
800
650
500
350

【dédikèit】動 他 (時間や労力)を捧げる

devote, commit

TOEIC
Ben received recognition for dedicating
ベンは受けた／ 評価を／ 捧げることによって／
so much time to the project.
すごい量の時間を／ そのプロジェクトに。

BASIC
He dedicated himself to sending her messages
彼は身を捧げた／ 送ることに／ 彼女に／メッセージを／
everyday... and was busted by his wife.
毎日…／ そしてしぼられた／ 嫁に。

派 **dedicated** devoted, committed
形 献身的な、ひたむきな

派 **dedication** devotion, commitment
名 不 献身、専念

“dedicated phone line”で
「専用電話回線」。

関連語

Pop Quiz
〔1〕動 avoid ／〔2〕動 inspire ／〔3〕名 reduction

044

appropriate

900
800
650
500
350

【əpróupriət】形 適切な、ふさわしい

TOEIC

Appropriate language should be used
適切な言葉が使われるべきです／
in the office at all times.
オフィスでは／　いつでも。

BASIC

You should have gone to a more **appropriate**
あなたは行っておくべきだった／　もっと適切な場所へ／
place with the kids.
子どもたちと。

"for ～"や"to ～"、"to do"で繋ぐぞ。言い換えは他に"right"もアリ！

派 **appropriately**  properly, suitably

副 ふさわしく、適切に

これも副詞の"right"を仲間に入れてもOK！

関連語

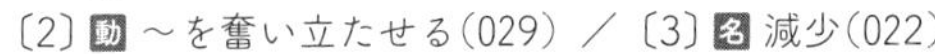

Pop Quiz Answer
〔1〕動 ～を避ける(067)／
〔2〕動 ～を奮い立たせる(029)／〔3〕名 減少(022)

225

045

despite

900
800
650
500
350

【dispáit】前 ～にもかかわらず

in spite of, regardless of

TOEIC

He hired me despite my lack of experience.
彼は雇った／ 私を／私の経験 不足 にもかかわらず。

BASIC

Educational spending reached $30,000
教育 費は達した／ 3万ドルに／
despite our small income.
私たちの乏しい収入 にもかかわらず。

"despite"と"in spite of ～"、ややこしいからといって、
まぜて"despite of ～"とかしないようにね～。

Pop Quiz

〔1〕動 specify ／〔2〕名 permission ／〔3〕形 extensive

Unit 2 語句一覧

UNIT 2で覚えた語句の一覧だよ。意味を覚えているか、確認してみよう！

動 動詞

□□□	commit	他	～に(真剣に)取り組む、(犯罪・過失など)を犯す、～を約束する
□□□	compensate	他	～に賠償する
□□□	**dedicate**	他	**(時間や労力)を捧げる**
□□□	**demand**	他	**～を要求する**
□□□	devote	他	(時間や労力)を捧げる、～に専念する
□□□	hire	他	～を雇う、～を雇用する
□□□	reach	他	～に達する、～に到達する
□□□	receive	他	～を受け取る、～を受領する
□□□	refund	他	～を払い戻す
□□□	**reimburse**	他	**～を返済する、～を払い戻す**
□□□	request	他	～を要求する
□□□	require	他	～を要求する
□□□	review	他	～を見直す、～を再調査する
□□□	steer	他	～を操縦する、～の舵を取る

名 名詞

□□□	apology	可・不	謝罪、お詫び
□□□	commitment	不	献身
□□□	committee	可	(集合的に)委員会
□□□	compensation	不	補償、賠償
□□□	dedication	不	献身、専念
□□□	demand	可	要求、請求
□□□	devotion	不	献身、(人・物への)深い愛情
□□□	expense	可・不	費用、出費
□□□	experience	不	経験、体験
□□□	fee	可	料金、手数料
□□□	income	可・不	収入、所得
□□□	insurance	不	保険
□□□	lack	不	欠如、不足していること
□□□	project	可	事業、プロジェクト
□□□	recognition	不	評価、認識

〔1〕動 ～を詳細に述べる(070) ／〔2〕名 許可(068) ／〔3〕形 広い(035)

☐☐☐	refund	可	払戻金
☐☐☐	**reimbursement**	可·不	**返済、弁償、補償**
☐☐☐	request	可	要請、依頼
☐☐☐	requirement	可	(法·規制などが求める)必要条件
☐☐☐	**spending**	可·不	**支出、出費**

形 形容詞

☐☐☐	**appropriate**	**適切な、ふさわしい**
☐☐☐	challenging	(仕事·問題などが)やりがいのある
☐☐☐	committed	献身的な
☐☐☐	**dedicated**	**献身的な、ひたむきな**
☐☐☐	**demanding**	**あまりに多くを要求する**
☐☐☐	devoted	献身的な
☐☐☐	**educational**	**教育の、教育上の**
☐☐☐	**medical**	**医療の、医学の**
☐☐☐	proper	適切な、ふさわしい
☐☐☐	suitable	適した、ふさわしい
☐☐☐	tough	(人に対して)厳しい、難しい

副 副詞

☐☐☐	**appropriately**	**ふさわしく、適切に**
☐☐☐	properly	ふさわしく、きちんと
☐☐☐	suitably	適切に

前 前置詞

☐☐☐	**despite**	**～にもかかわらず**
☐☐☐	in spite of	～にもかかわらず
☐☐☐	regardless of	～にかまわず

Tp

全部で51語！

Unit 2 単語テスト

単語テースト！　これまでに覚えた単語が定着しているか確認だ。3つのレベルに挑戦してもらうぞー！　Here we go!

【答え→p.356】

226

LEVEL 1

まずは必須の見出し語を確認。音声を聞いて、その単語のスペル、品詞、意味、言い換え語を書いてみよう。1項目10TP、全部書けたら40TPだ！

1
スペル　品詞
意　味
言い換え　TP

2
スペル　品詞
意　味
言い換え　TP

3
スペル　品詞
意　味
言い換え　TP

4
スペル　品詞
意　味
言い換え　TP

5
スペル　品詞
意　味
言い換え　TP

227

LEVEL 2

次は関連語を確認。音声を聞いて、その単語のスペル、品詞、意味、言い換え語を書いてみよう。1項目10TP、全部書けたら40TPだ！

6

スペル ………… 品詞 …………

意　味 …………

言い換え ………… TP

7

スペル ………… 品詞 …………

意　味 …………

言い換え ………… TP

8

スペル ………… 品詞 …………

意　味 …………

言い換え ………… TP

228

LEVEL 3

LEVEL 3はTOEIC例文とBASIC例文に登場したTOEIC頻出単語（通称デル単）だ。音声を聞いて、その単語のスペル、品詞、意味を書いてみよう。1項目10TP、全部書けたら30TP獲得！

9

スペル ………… 品詞 …………

意　味 ………… TP

10

スペル ………… 品詞 …………

意　味 ………… TP

TOTAL 

TOEIC L&Rテスト形式問題！

Unit 2で学んだ英単語の語義や使い方を問う、TOEIC L&Rテスト形式の問題に挑戦！　1問50TP、全問正解で150TPだ！ 【答え→p.357】

1. Telephone inquiries from the public should be directed to the ------- government department.

(A) marginal
(B) quality
(C) appropriate
(D) conditional

2. The company ------- employees for any work-related expenses.

(A) reimbursing
(B) reimburse
(C) reimbursement
(D) reimburses

3. ------- predictions that sales figures would drop, the company actually posted record profits.

(A) Except
(B) Despite
(C) Unless
(D) As

使ってみよう！

単語の意味を覚えたら、自分でも使えるようになって一人前！　こんな意味のこと、言えるかな？　構造例は「７つの文の形」(p.52)、使う単語はそれぞれの「単語カード」を参考にして取り組もう！　１問につき50TPだよ！

【答え→p.358】

1 その上司は部下がたくさん辞めたあとも、要求の多いままだった。

構造例：〔S+V+C〕　使う単語：前 despite　形 demanding

とんでもねえ上司だ！　第２文型で表現したいこともそうだけど、前置詞の“despite”を正しく使えるかが鍵！

2 今は子供たちも大きくなりましたが、彼女は子供たちにかなりの時間を捧げていました。

構造例：〔S+V+C〕＋〔S+V+O〕　使う単語：動 dedicate

子供たち＝大きい。第２文型はここだな。見出し語の“dedicate”は他動詞なので、これを使うのは第３文型。

3 状況は問わず、なにかよい事をしてもらったときには「ありがとう」が適切です。

構造例：〔S+V+C〕＋〔S+V+O〕　使う単語：形 appropriate

一見複雑そうだけど、全部を完璧に英語にしようとする必要なはい。ありがとう＝適切。これが伝えたい内容だね！

TP

Cycle 2　Unit 2

Results

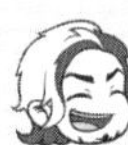

Unit 2の獲得 TP を記録しておこう。何 TP 取れたかな？

	1回目	2回目	3回目
POP QUIZ	/ 90 TP	/ 90 TP	/ 90 TP
単語テスト	/ 380 TP	/ 380 TP	/ 380 TP
TOEIC 形式問題	/ 150 TP	/ 150 TP	/ 150 TP
使ってみよう!	/ 150 TP	/ 150 TP	/ 150 TP
TOTAL	/ 770 TP	/ 770 TP	/ 770 TP

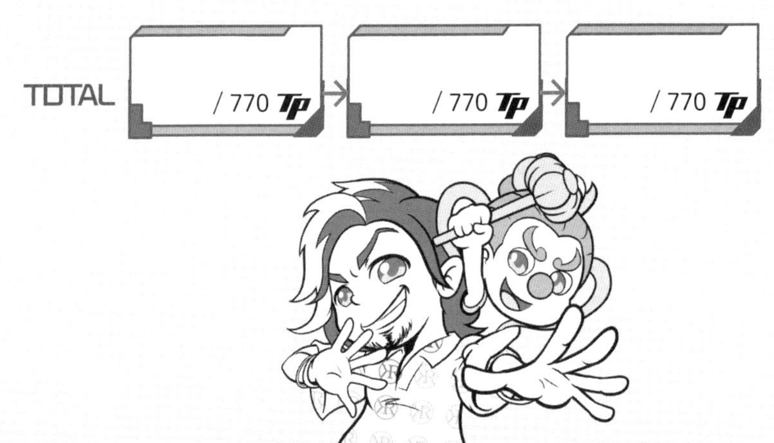

231

046

earn

900
800
650
500
350

【ə́ːrn】動 他 ～を得る、～を稼ぐ

TOEIC

We have **earned** our clients' trust
私たちは得た／　我々の顧客の信用を／

through years of effort and dedication.
何年にも渡る努力と献身を通じて。

BASIC

How much do you **earn**?
どのくらいあなたは稼ぐの？

くうぅ～、言い換えに"acquire"を載せられなかったがこれもだ！
一応SVOOの第4文型も作れるよ。

派 **earnings** income, profit
名 複 収入、所得、給料、賃金

"average earnings"で「平均所得」ナリ。

関連語

Pop Quiz

〔1〕名 earnings ／〔2〕動 involve ／〔3〕動 assign

047

propose

900
800
650
500
350

【prəpóuz】動 他 ～を提案する

TOEIC

Our CEO **proposed** a massive plan to preserve the natural forest.
私たちの社長は提案した／壮大な計画を／保護するために／自然林を。

BASIC

You're the one who **proposed** it in the first place.
君がその人だよ／提案した／それを／そもそも最初に。

結婚を申し込むときは自動詞で、"propose to 人"だ。ヒューヒュー。

派 **proposal** suggestion, plan
名 可 不 提案、案

"make a proposal to ～"で覚えよう！

〔1〕名 収入(046) ／〔2〕動 ～を含む(010) ／〔3〕動 ～を割り当てる(087)

048

alter

900
800
650
500
350

【ɔ́ːltər】動 他 ～を変える、～を仕立て直す

change, adjust

TOEIC

The prices of some products will be **altered** due to inflation.
値段は／いくつかの製品の／変更される／インフレが原因で。

BASIC

I need to have these jeans **altered**.
私は必要だ／このジーンズを仕立て直すことが。

おれ足短いから“alter”にはお世話になってます(涙)。

派 **alteration** change, adjustment
名 可 修正、手直し　不 修正する事

“make alterations to ～”で覚えよう！

関連語

Pop Quiz

〔1〕形 previous ／〔2〕名 enthusiasm ／〔3〕前 despite

049

acquire

900
800
650
500
350

【əkwáiər】動 他 ～を得る、～を獲得する

get, obtain

TOEIC

Fox was **acquired** by Spiral in 2020.
Fox社は買収された／スパイラル社によって／2020年に。

BASIC

She has **acquired** her English skill
彼女は獲得した／　彼女の英語の技術を／

during her stay in Canada.
彼女のカナダ滞在中に。

言い換え大事！　英語を英語で覚えちゃえ！　"gain"も追加じゃ！

派 **acquisition** obtainment

名 不 獲得、習得、(企業)買収

M&AはMerger and Acquisitionの略。

関連語

〔1〕形 前の(032)／〔2〕名 熱狂(009)／
〔3〕前 ～にもかかわらず(045)

050

seldom

900
800
650
500
350

【séldəm】副 めったに～ない、ほとんど～ない

TOEIC

The Asian market has **seldom** been better than it is now.
アジアの市場はめったにない／良かったことは／今より。

BASIC

I **seldom** go to such places, but it sounds interesting.
私はめったに行かない／そんな所に、／でも面白そうだ。

"almost never"もまさに文字通り「ほとんど～ない」だね。
"seldom"は大事だけどなんか固い！

〔1〕名 headquarters ／〔2〕形 mutual ／〔3〕動 permit

Unit 3 語句一覧

UNIT 3で覚えた語句の一覧だよ。意味を覚えているか、確認してみよう！

動 動詞

□□□	**acquire**	他	**～を得る、～を獲得する**
□□□	adjust	他	～を調節する
□□□	**alter**	他	**～を変える、～を仕立て直す**
□□□	change	他	～を変える、～を変化させる
□□□	**earn**	他	**～を得る、～を稼ぐ**
□□□	gain	他	～を獲得する
□□□	get	他	～を得る、（贈り物・金など）を受け取る
□□□	obtain	他	（努力して・計画的に）～を得る
□□□	offer	他	～を提供する、～を申し出る
□□□	preserve	他	～を保護する、～を守る
□□□	**propose**	他	**～を提案する**
□□□	suggest	他	～を提案する

名 名詞

□□□	acquisition	不	獲得、習得、（企業）買収
□□□	adjustment	可・不	調整、調節
□□□	alteration	可・不	変更、手直し
□□□	CEO	可	社長、代表取締役　※chief executive officerの略。
□□□	change	可・不	変化
□□□	client	可	顧客、得意先
□□□	dedication	不	献身、専念
□□□	earnings	複	収入、所得、給料、賃金
□□□	effort	不	努力、奮闘
□□□	income	可・不	収入、所得
□□□	inflation	可・不	インフレーション、通貨膨張
□□□	obtainment	不	獲得
□□□	plan	可・不	計画
□□□	product	可・不	製品、生産物
□□□	profit	可・不	利益
□□□	proposal	可・不	提案、案
□□□	skill	可・不	技能、技術

〔1〕名 本部（071）／〔2〕形 相互の（076）／〔3〕動 ～許可する（068）

☐☐☐	suggestion	可	提案
☐☐☐	trust	不	信用、信頼

形 形容詞

☐☐☐	massive	壮大な、素晴らしい

副 副詞

☐☐☐	hardly ever	めったに～ない
☐☐☐	rarely	めったに～ない
☐☐☐	**seldom**	**めったに～ない、ほとんど～ない**

前 前置詞

☐☐☐	due to ~	～のせいで、～が理由で

Tp

全部で36語！

Unit 1
Unit 2
Unit 3
Unit 4
Unit 5
Unit 6
Unit 7

Unit 3 単語テスト

単語テースト！　これまでに覚えた単語が定着しているか確認だ。3つのレベルに挑戦してもらうぞー！　Here we go!

【答え→p.359】

236

LEVEL 1

まずは必須の見出し語を確認。音声を聞いて、その単語のスペル、品詞、意味、言い換え語を書いてみよう。1項目10TP、全部書けたら40TPだ！

1

スペル .... 品詞 ....

意　味 ....

言い換え .... TP

2

スペル .... 品詞 ....

意　味 ....

言い換え .... TP

3

スペル .... 品詞 ....

意　味 ....

言い換え .... TP

4

スペル .... 品詞 ....

意　味 ....

言い換え .... TP

5

スペル .... 品詞 ....

意　味 ....

言い換え .... TP

237

LEVEL 2

次は関連語を確認。音声を聞いて、その単語のスペル、品詞、意味、言い換え語を書いてみよう。１項目10TP、全部書けたら40TPだ！

6

スペル …… 品詞 ……

意　味 ……

言い換え …… TP

7

スペル …… 品詞 ……

意　味 ……

言い換え …… TP

8

スペル …… 品詞 ……

意　味 ……

言い換え …… TP

238

LEVEL 3

LEVEL 3はTOEIC例文とBASIC例文に登場したTOEIC頻出単語（通称デル単）だ。音声を聞いて、その単語のスペル、品詞、意味を書いてみよう。１項目10TP、全部書けたら30TP獲得！

9

スペル …… 品詞 ……

意　味 …… TP

10

スペル …… 品詞 ……

意　味 …… TP

TOTAL TP

TOEIC L&Rテスト形式問題！

Unit 3で学んだ英単語の語義や使い方を問う、TOEIC L&Rテスト形式の問題に挑戦！　1問50TP、全問正解で150TPだ！

【答え→p.360】

1. Ms. Waters regrets that she ------- has time to meet new employees.

(A) seldom
(B) thoroughly
(C) rather
(D) roughly

2. Bookman Holdings has ------- a piece of land in Runcorn, where it will build its new headquarters.

(A) acquirement
(B) acquire
(C) acquired
(D) acquiring

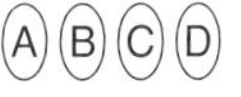

3. Hanson Enterprises has ------- a reputation for quality and reliability.

(A) relied
(B) allowed
(C) enabled
(D) earned

使ってみよう！

単語の意味を覚えたら、自分でも使えるようになって一人前！　こんな意味のこと、言えるかな？　構造例は「７つの文の形」(p.66)、使う単語はそれぞれの「単語カード」を参考にして取り組もう！　１問につき50TPだよ！

【答え→p.361】

1 あいつ年収2000万らしいよ。

構造例：〔S+V+O〕　使う単語：動 earn

「らしいよ」のニュアンスは……大ヒント、“apparently”！

2 わたしはめったに自分ではジーンズをお直ししない。

構造例：〔S+V+O〕　使う単語：副 seldom　動 alter

飾りを透かして英語の構造を丸裸に！ いやんっ！ 副詞の入れどころは？ そして最後に “by myself”をつけりゃオッケー！

3 私はその買収に関する契約内容に変更を提案する。

構造例：〔S+V+O〕　使う単語：動 propose　名 alteration　名 acquisition

こんな固い文も、SVOで解決だいっ！　幸い使いたい難しい単語はお題として出ている！　Oの部分はthat節で！

Results

Unit 3の獲得 TP を記録しておこう。何 TP 取れたかな？

	1回目		2回目		3回目
POP QUIZ	/ 90 TP	→	/ 90 TP	→	/ 90 TP
単語テスト	/ 380 TP	→	/ 380 TP	→	/ 380 TP
TOEIC形式問題	/ 150 TP	→	/ 150 TP	→	/ 150 TP
使ってみよう!	/ 150 TP	→	/ 150 TP	→	/ 150 TP
TOTAL	/ 770 TP	→	/ 770 TP	→	/ 770 TP

241

051

subscribe

900
800
650
500
350

【səbskráib】動 自 定期購読する

buy regularly

TOEIC

Don't wait. **Subscribe** online now!
待ってはだめ。 定期購読してください／オンラインで／今すぐ！

BASIC

I didn't know you **subscribed** to
私は知らなかった／ あなたが定期購読していたことを／
this kind of magazine.
こんな雑誌を。

こりゃ絶対"to"で繋ぐと覚えよう！ "subscribe to ～"で「～の定期購読をする」だ。

派 **subscription** membership
名 可 定期購読、購読料

派 **subscriber** member, patron
名 可 定期購読者、加入者

全部"to"で繋ごうっ！（笑）

〔1〕動 compete ／〔2〕形 rapid ／〔3〕動 extend

242

052

preliminary

900
800
650
500
350

【prilímənèri】形 準備の、前置きの

 **introductory, preparatory**

TOEIC

We need **preliminary** drawings and renderings
私たちは必要だ／準備図と完成予想図が／

by May 10th.
5月10日までに。

BASIC

These **preliminary** exams can help you
これらの予備テストは助けることができる／ あなたが／

get used to taking the TOEIC test.
慣れることに／ TOEICテストを受けることに。

他にも"a preliminary notice"で「予告」、
"the preliminary stages"で「準備段階」とか！

〔1〕動 競争する(002) ／〔2〕形 速い(006) ／
〔3〕動 ～を延ばす(035)

053

complimentary

900 800 650 500 350

【kàmpləméntəri】形 無料の

free, free of charge

TOEIC

Our staff are eligible for complimentary membership at RK English School.
私たちのスタッフは資格がある／無料 会員の／RK English Schoolで。

BASIC

Drinks are complimentary if you are gambling in Vegas.
飲み物は無料です／もしギャンブルをしていたら／ベガスで。

言っても“free”。“complimentary beverages”は“free drinks”ってこと！

元 **compliment** commendation, praise

名 可 賛辞、褒め言葉、(いい意味での)お世辞

“pay/make/give a compliment”で「褒める」。

関連語

Pop Quiz

〔1〕動 benefit ／〔2〕名 reference ／〔3〕動 acquire

054

dispute

900
800
650
500
350

【dispjúːt】動 他 ～に反対する、～に異議する

TOEIC

No one **disputed** the importance of studying
誰も異議を唱えなかった／ 真剣に勉強することの重要さに／
intensely for the exam.
その試験のために。

BASIC

She **disputed** ever having liked
彼女は異議した／ いまだかつて好きだったことはないと／
the guy!
その男を！

自動詞もある。その時は、with/against/about/over/onと組み合わせて使おう！ 多っ！

別 **dispute** argument, conflict
名 可 不 口論、言い争い、論争、紛争

with、between、over、about……。

〔1〕動 ～のためになる（091）／
〔2〕名 言及した事柄（074）／〔3〕動 ～を得る（049）

055

reflect

900
800
650
500
350

【riflékt】動 他 ～を反映する／表す

show, display

TOEIC

The data on the computer should accurately **reflect** the physical stock in the warehouse.

コンピューターのデータは正確に反映していなければならない／在庫の数を／倉庫の。

BASIC

The choice of songs clearly **reflects** her feelings.

この選曲は明らかに反映している／彼女の気分を。

「～を反射する」からきてるね。そういう意味では動詞の"mirror"も言い換え！

派 **reflection** (mirror) image

名 可 反映、影響、映像　不 反射、反響

ふい～（……特に言う事がなかった）。

〔1〕名 debt ／〔2〕動 concern ／〔3〕名 procedure

Unit 4 語句一覧

UNIT 4で覚えた語句の一覧だよ。意味を覚えているか、確認してみよう！

動 動詞

☐☐☐	buy regularly		定期的に購入する
☐☐☐	display	他	～を露呈する、～を発揮する
☐☐☐	**dispute**	他	**～に反対する、～に異議する**
☐☐☐	object to		～に反対する
☐☐☐	oppose	他	～に反対する
☐☐☐	**reflect**	他	**～を反映する、～を表す**
☐☐☐	show	他	～を表している
☐☐☐	**subscribe**	自	**定期購読する**

名 名詞

☐☐☐	argument	可	口論
☐☐☐	choice	可·不	選択、選ぶこと
☐☐☐	commendation	不	推賞
☐☐☐	compliment	可	賛辞、褒め言葉、（いい意味での）お世辞
☐☐☐	computer	可	コンピューター
☐☐☐	conflict	可·不	対立
☐☐☐	data	可	（単数·複数扱い）データ
☐☐☐	dispute	可·不	口論、言い争い、論争、紛争
☐☐☐	exam	可	試験、検査
☐☐☐	importance	不	重要さ、重要性
☐☐☐	(mirror) image	可	（鏡に映った）姿
☐☐☐	member	可	一員
☐☐☐	membership	可·不	会員の身分
☐☐☐	patron	可	ひいき客、後援者
☐☐☐	praise	不	賞賛の言葉
☐☐☐	reflection	可	反映、影響、映像
☐☐☐	stock	可·不	在庫品、ストック
☐☐☐	subscriber	可	定期購読者、加入者
☐☐☐	subscription	可	定期購読、購読料
☐☐☐	warehouse	可	倉庫、商品保管所

〔1〕名 借金（066）／〔2〕動 ～を心配させる（084）／〔3〕名 手順（003）

形 形容詞

☐☐☐	**complimentary**	**無料の**
☐☐☐	eligible	ふさわしい、資格のある
☐☐☐	free	無料の
☐☐☐	free of charge	無料の
☐☐☐	introductory	入門的な、導入の
☐☐☐	physical	物質の
☐☐☐	**preliminary**	**準備の、前置きの**
☐☐☐	preparatory	準備の、(大学)進学予備の

副 副詞

☐☐☐	accurately	正確に
☐☐☐	online	オンラインで

Tp

全部で38語！

Unit 4 単語テスト

単語テースト！　これまでに覚えた単語が定着しているか確認だ。3つのレベルに挑戦してもらうぞー！　Here we go!

【答え→p.362】

246

LEVEL 1

まずは必須の見出し語を確認。音声を聞いて、その単語のスペル、品詞、意味、言い換え語を書いてみよう。1項目10TP、全部書けたら40TPだ！

1
スペル …… 品詞 ……
意　味 ……
言い換え …… TP

2
スペル …… 品詞 ……
意　味 ……
言い換え …… TP

3
スペル …… 品詞 ……
意　味 ……
言い換え …… TP

4
スペル …… 品詞 ……
意　味 ……
言い換え …… TP

5
スペル …… 品詞 ……
意　味 ……
言い換え …… TP

247

LEVEL 2

次は関連語を確認。音声を聞いて、その単語のスペル、品詞、意味、言い換え語を書いてみよう。1項目10TP、全部書けたら40TPだ！

6

スペル 品詞

意　味

言い換え TP

7

スペル 品詞

意　味

言い換え TP

8

スペル 品詞

意　味

言い換え TP

248

LEVEL 3

LEVEL 3はTOEIC例文とBASIC例文に登場したTOEIC頻出単語（通称デル単）だ。音声を聞いて、その単語のスペル、品詞、意味を書いてみよう。1項目10TP、全部書けたら30TP獲得！

9

スペル 品詞

意　味 TP

10

スペル 品詞

意　味 TP

TOTAL TP

TOEIC L&Rテスト形式問題！

Unit 4で学んだ英単語の語義や使い方を問う、TOEIC L&Rテスト形式の問題に挑戦！　1問50TP、全問正解で150TPだ！ 【答え→p.363】

1. The clinic ------- to a number of magazines for patients to read in the waiting room.

(A) subscriber
(B) subscription
(C) subscribes
(D) subscribing

2. The changes recommended in the survey report will be ------- in the new employee manual.

(A) reflection
(B) reflected
(C) reflective
(D) reflector

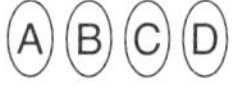

3. ------- refreshments will be served to visitors at the grand opening of Lundgren Sportsmart.

(A) Voluntary
(B) Complimentary
(C) Tentative
(D) Entire

使ってみよう！

Cycle2

単語の意味を覚えたら、自分でも使えるようになって一人前！　こんな意味のこと、言えるかな？　構造例は「７つの文の形」(p.80)、使う単語はそれぞれの「単語カード」を参考にして取り組もう！　１問につき50TPだよ！

【答え→p.364】

1 クラスメイトが、予備試験のコピーを入手してくれた。

構造例：〔S+V+O+O〕　使う単語：形 preliminary

SはVしたO₁にO₂を！　SはVしたO₁にO₂を！　SはVしたO₁にO₂を！　はい、みなさんごいっしょに〜！　さて、Sは？

2 口論の末、ホテルは私たちに無料の夕食を提供してくれた。

構造例：〔S+V+O+O〕　使う単語：名 dispute　形 complimentary

クレーマーになっちゃいけませんよ。それはともかく、さあ、第４文型動詞を探してスマートに表現だ〜！

3 無料分を受け取ったあと、私は定期購読をキャンセルするためにその会社に電話をした。

構造例：〔S+V+O〕＋〔S+V+O+O〕　使う単語：形 complimentary　名 subscription

なんかセコい例文が多いな(笑)。大ヒント！　after 〜ingから始めて、第４文型でいかがでしょ？

Unit 1 Unit 2 Unit 3 Unit 4 Unit 5 Unit 6 Unit 7

Results

Unit 4の獲得 Tp を記録しておこう。何 Tp 取れたかな？

	1回目	2回目	3回目
POP QUIZ	/ 90 Tp	/ 90 Tp	/ 90 Tp
単語テスト	/ 380 Tp	/ 380 Tp	/ 380 Tp
TOEIC 形式問題	/ 150 Tp	/ 150 Tp	/ 150 Tp
使ってみよう!	/ 150 Tp	/ 150 Tp	/ 150 Tp
TOTAL	/ 770 Tp	/ 770 Tp	/ 770 Tp

056

accommodate

900
800
650
500
350

【əkάmədèit】動 他 ～を収容する/できる、～を宿泊させる

hold, have room for

TOEIC
This banquet hall can **accommodate**
この宴会 場は収容できる／
up to 200 people seated at 50 tables.
最大200人を／ 50テーブルに。

BASIC
Can you possibly **accommodate** 6 people
なんとか 乗せられますか／ 6人を／
in this taxi?
このタクシーに。

言い換えに"fit"もいける。"accommodate one's needs"で、「ニーズを満たす」といった使い方もするぞい。

派 **accommodation** housing, a place to stay
名 不 (通常複数形で)宿泊設備

"accommodation (fee)"で「宿泊料」。

関連語

Pop Quiz
〔1〕動 consider ／〔2〕名 accuracy ／〔3〕動 admit

057

evaluate

900
800
650
500
350

【ivǽljuèit】動 他 ～を評価する、～を査定する

 assess, appraise

TOEIC

The lenders **evaluated** our credibility
貸し手は査定した／ われわれの信頼性を／

before they loaned us the money.
彼らが貸す前に／ 私たちに／お金を。

BASIC

I had my friend **evaluate** the value of my vase.
私は私の友人に査定してもらった／ 私のつぼの価値を。

出た！ 言い換え三国志……
じゃなくて、御三家！ 単語３兄弟っ！

派 **evaluation**  assessment, appraisal
名 可 不 評価、査定

３兄弟は永遠に不滅や。

関連語

〔1〕動 ～と考える(058) ／〔2〕名 正確さ(064) ／
〔3〕動 (人)に入ることを許す(024)

058

consider

900
800
650
500
350

【kənsídər】動 他 ～を考慮する、～を検討する

think about, regard

TOEIC

Manufacturers need to consider
製造業者たちは考慮しなければならない／

the environmental impact of their products.
環境に与える影響を／ 彼らの製品の。

BASIC

Consider it done!
お考えください／できたも同然だと！

"consider doing"で「doすることを検討する」、
"consider O C"で「OをCと見なす」。

派 **considerable** significant, substantial
形 かなりの、相当な

派 **considerably** significantly, substantially
副 かなり、ずいぶん、相当に

派 **consideration** thought, concern
名 不 考慮、熟考

〔1〕動 state ／〔2〕形 responsible ／〔3〕動 proceed

254

059

aspect

900
800
650
500
350

【ǽspekt】名 可 側面、部分

TOEIC

What **aspect** of the party is Bennie concerned about?
どの部分ですか／　パーティーの／　ベニーが気にしているのは？

BASIC

I thought about every possible **aspect**.
私は考えた／　あらゆる可能性のある 側面について。

固いね～。"financial aspect"で「財政的側面」。固っ！

〔1〕動 ～をはっきりと述べる（014）／
〔2〕形 責任がある（079）／〔3〕動 進む（003）

255

0610

fluctuate

900
800
650
500
350

【flʌ́ktʃuèit】動 自 変動する、揺れ動く

change, vary

TOEIC

It's a bad idea to invest in real estate
悪い考えです／ 投資するのは／不動産に／

when the economy is **fluctuating**.
経済が揺れ動いているとき。

BASIC

Her mood **fluctuates** between hope and despair
彼女の気分は揺れ動く／ 希望と絶望の間で／

and is hard to keep up with.
なので難しい／ ついていくのが。

BASIC例文の使い方面白いね。他に言い換えで"go up and down"も面白い。

派 **fluctuation** change, variation
名 可 不 変動、不安定

"in"や"of"で繋ぐで。

関連語

〔1〕名 substance ／〔2〕動 exhibit ／〔3〕動 adopt

Unit 5 語句一覧

UNIT 5で覚えた語句の一覧だよ。意味を覚えているか、確認してみよう！

動 動詞

□□□	**accommodate**	他	**～を収容する、～を収容できる、～を宿泊させる**
□□□	appraise	他	～を評価する
□□□	assess	他	～を評価する、～を査定する
□□□	change	自	変わる
□□□	concern	他	～を心配させる、～に関心をもたせる
□□□	**consider**	他	**～と考える、～を考慮する**
□□□	**evaluate**	他	**～を評価する、～を査定する**
□□□	**fluctuate**	自	**変動する、揺れ動く**
□□□	have room for		～の余地がある
□□□	hold	他	～を収容できる、～を拘束する
□□□	invest	自	投資する、支出する
□□□	keep up		遅れないようについていく
□□□	loan	他	(人)に(金)を貸す
□□□	regard	他	～とみなす
□□□	think about		～について考える
□□□	vary	自	変わる、異なる

名 名詞

□□□	a place to stay		居場所
□□□	accommodation	不	(通常複数形で)宿泊設備
□□□	appraisal	可·不	評価、査定
□□□	**aspect**	可	**側面、部分**
□□□	assessment	不	評価、査定、意見、判断
□□□	banquet	可	宴会、祝宴
□□□	change	可·不	変化
□□□	concern	不	配慮
□□□	consideration	不	考慮、熟考
□□□	economy	不	経済、財政
□□□	evaluation	可·不	評価、査定
□□□	fluctuation	可·不	変動、不安定
□□□	hall	可	ホール、大広間

〔1〕名 物質(090) ／〔2〕動 ～を展示する(007) ／〔3〕動 ～を採用する(105)

☑☑☑	housing	不	(集合的に・単数扱い)住宅
☑☑☑	impact	可・不	影響、衝撃
☑☑☑	manufacturer	可	製造業者、メーカー
☑☑☑	part	可・不	部分
☑☑☑	point	可	(通例 the ～)要点
☑☑☑	product	可・不	製品、生産物
☑☑☑	real estate	可・不	不動産
☑☑☑	thought	可	考え
☑☑☑	value	不	価値、値打ち
☑☑☑	variation	不	変化(すること)

形 形容詞

☑☑☑	considerable	かなりの、相当な
☑☑☑	environmental	環境上の、周囲の
☑☑☑	possible	可能性のある、ありうる
☑☑☑	significant	かなりの、重大な
☑☑☑	substantial	かなりの、相当な

副 副詞

☑☑☑	considerably	かなり、ずいぶん、相当に
☑☑☑	possibly	(can や could を伴って肯定文で)なんとか
☑☑☑	significantly	かなり、著しく
☑☑☑	substantially	相当に、十分に

全部で48語!

Unit 1 Unit 2 Unit 3 Unit 4 Unit 5 Unit 6 Unit 7

Unit 5 単語テスト

単語テースト！　これまでに覚えた単語が定着しているか確認だ。3つのレベルに挑戦してもらうぞー！　Here we go!
【答え→p.365】

256

LEVEL 1

まずは必須の見出し語を確認。音声を聞いて、その単語のスペル、品詞、意味、言い換え語を書いてみよう。1項目10TP、全部書けたら40TPだ！

1
スペル .... 品詞 ....
意　味 ....
言い換え .... TP

2
スペル .... 品詞 ....
意　味 ....
言い換え .... TP

3
スペル .... 品詞 ....
意　味 ....
言い換え .... TP

4
スペル .... 品詞 ....
意　味 ....
言い換え .... TP

5
スペル .... 品詞 ....
意　味 ....
言い換え .... TP

257

LEVEL 2

次は関連語を確認。音声を聞いて、その単語のスペル、品詞、意味、言い換え語を書いてみよう。1項目10TP、全部書けたら40TPだ！

6

スペル 品詞

意　味

言い換え TP

7

スペル 品詞

意　味

言い換え TP

8

スペル 品詞

意　味

言い換え TP

258

LEVEL 3

LEVEL 3はTOEIC例文とBASIC例文に登場したTOEIC頻出単語（通称デル単）だ。音声を聞いて、その単語のスペル、品詞、意味を書いてみよう。1項目10TP、全部書けたら30TP獲得！

9

スペル 品詞

意　味 TP

10

スペル 品詞

意　味 TP

TOTAL TP

TOEIC L&Rテスト形式問題！

Unit 5で学んだ英単語の語義や使い方を問う、TOEIC L＆Rテスト形式の問題に挑戦！　1問50TP、全問正解で150TPだ！ 【答え→p.366】

1. Customer service is one of the most important ------- of any successful company.

(A) aspects
(B) consultations
(C) methods
(D) relations

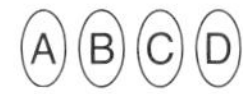

2. Conference Room A can comfortably ------- up to 20 people.

(A) accommodating
(B) accommodation
(C) accommodated
(D) accommodate

3. The price of steel tends to ------- depending on the time of year.

(A) participate
(B) consider
(C) fluctuate
(D) regard

使ってみよう！

単語の意味を覚えたら、自分でも使えるようになって一人前！　こんな意味のこと、言えるかな？　構造例は「7つの文の形」(p.94)、使う単語はそれぞれの「単語カード」を参考にして取り組もう！　1問につき50TPだよ！

【答え→p.367】

1

彼の査定は妥当だと考える。

構造例：〔S+V+O+C〕　使う単語：動 consider　名 evaluation

O＝Cだと"consider"するということですな。それをさらに英語順思考でいくと！Sから始まり、私は…

2

経済に大きな変動があるときに投資をするのは馬鹿げていると思う。

構造例：〔S+V+O+C〕　使う単語：動 consider　形 considerable　名 fluctuation

難しそう〜！　と立ち止まっちゃだめよ。完全な英文が頭の中でできてからしゃべり始めるんじゃなくて、まず主語から口に出す！

3

すべての側面を考慮すると、社長の病気は秘密に保つべきだ。

構造例：〔S+V+O+C〕　使う単語：名 aspect

"considering" から始まる前置詞句から始めよ！（動詞 "consider" の分詞構文として考えてもOK）！　あと動詞はkeepを使うがよい！　健闘を祈るっ！

TP

Cycle 2 Unit 5

Results

Unit 5の獲得 Tp を記録しておこう。何 Tp 取れたかな？

	1回目		2回目		3回目
POP QUIZ	/ 90 Tp	→	/ 90 Tp	→	/ 90 Tp
単語テスト	/ 380 Tp	→	/ 380 Tp	→	/ 380 Tp
TOEIC形式問題	/ 150 Tp	→	/ 150 Tp	→	/ 150 Tp
使ってみよう!	/ 150 Tp	→	/ 150 Tp	→	/ 150 Tp
TOTAL	/ 770 Tp	→	/ 770 Tp	→	/ 770 Tp

261

061

fine

900
800
650
500
350

【fáin】動 他 ～に罰金を課する

penalize, charge

TOEIC

The perpetrator was **fined** $6,000
違反者は罰金を科せられた／ 6000ドルを／

for distributing imitations.
配布したために／ 偽造品を。

BASIC

Don't pee in public because they can **fine** you
立ちションをするな／ 国は罰金を科すから／ あなたに／

for that.
それに対して。

"fine"って言ったらまず形容詞の「良い」が浮かぶと思うけど、
これはうーん、全然"fine"じゃないね(笑)。

Unit 1 Unit 2 Unit 3 Unit 4 Unit 5 Unit 6 Unit 7

関連語

別 **fine** (financial) penalty, sanction
名可 罰金

別 **fine** good, excellent
形 すばらしい、上等な

「多額の罰金」は
"a heavy fine"。

Pop Quiz

〔1〕副 appropriately ／〔2〕動 assemble ／〔3〕名 revenue

062

regarding

900
800
650
500
350

【rigɑ́ːrdiŋ】前 ～に関して、～について

about, concerning

TOEIC

The marketing division had a meeting
マーケティング部はした／　ミーティングを／
regarding the year-end offers.
年末セール について。

BASIC

I didn't hesitate to consult my parents
私はためらわなかった／ 相談することを／親に／
regarding my budget.
私の予算 について。

"-ing"で前置詞なんだね～！　ビックリ！
"regardless of ～"で「～に関係なく」という前置詞句もあるぞ！

元 **regard** consider, see
動他 ～について考える、～を考慮に入れる

派 **regard** consideration, concern
名不 敬意、心遣い

メールの最後に"best regards"
ってほんまよく書く。

〔1〕副 ふさわしく(044)／〔2〕動 ～を集める(100)／
〔3〕名 (通常複数形で)(会社の)総利益(088)

263

063

implement

900 800 650 500 350

【ímpləmənt】動 他 ～を実行する

do, carry out

TOEIC
The changes to this contract have been
この契約書に対する変更は実行された／
implemented with both parties' agreement.
両団体の同意に基づいて。

BASIC
I'll quit before they implement that idea
辞めるわ／会社が組み入れる前に／その案を／
into the work routine.
通常業務に。

めちゃくちゃ固い言い方だが……出てくる。
"implement a new system"とか。固っ！

派 **implementation** execution, exercise
名 不 実行、実施

固さは知性と心得よ。

関連語

Unit 1 Unit 2 Unit 3 Unit 4 Unit 5 Unit 6 Unit 7

〔1〕形 vacant ／〔2〕形 current ／〔3〕動 dispute

264

064

accurate

900
800
650
500
350

【ǽkjurət】形（情報・計算などが）正確な、正しい

precise, exact

TOEIC

We found out that the initial measurements were
私たちはわかりました／最初の測定が正確でなかったということが。
not accurate.

BASIC

It might be more accurate to say that
それはより正確かもしれない／　言ったほうが／
she can't drink at all.
彼女はまったく飲めないと。

単語の意味を覚えるときは"accurate"でないといけませんな！

派 **accurately** precisely, exactly
副 正確に

派 **accuracy** precision
名 不 正確さ、精度

品詞、言い換え、使いこなそうっ！

〔1〕形 空いている（095）／〔2〕形 現在の（019）／
〔3〕動 ～に反対する（054）

065

prohibit

900
800
650
500
350

【prouhíbit】動 他 ～を禁止する

TOEIC

Please note that parking is **prohibited** in that area.
ご注意ください／ 駐車が禁止されているということに／ その場所で。

BASIC

The present situation **prohibits** us from going abroad.
今の状況は禁止する／ 私たちを／ 海外へ行くことから。

"prohibit A from -ing" で「Aが～することを禁止する」。
"don't allow" も言い換えにどーぞ！

〔1〕名 assembly ／〔2〕動 occur ／〔3〕名 defect

Unit 6 語句一覧

UNIT 6で覚えた語句の一覧だよ。意味を覚えているか、確認してみよう！

動 動詞

☐☐☐	ban	他	～を禁止する
☐☐☐	carry out		～を遂行する、～を管理する
☐☐☐	charge	他	～を非難する、～告発する
☐☐☐	consider	他	～と考える、～を考慮する
☐☐☐	consult	他	～に相談する、～に意見を求める
☐☐☐	distribute	他	～を配布する、～を配達する
☐☐☐	do	他	～をする
☐☐☐	**fine**	他	**～に罰金を課する**
☐☐☐	forbid	他	～を禁止する
☐☐☐	hesitate	他	～をためらう、～を躊躇する
☐☐☐	**implement**	他	**～を実行する**
☐☐☐	penalize	他	～を罰する
☐☐☐	**prohibit**	他	**～を禁止する**
☐☐☐	quit	自	やめる、立ち去る
☐☐☐	regard	他	～について考える、～を考慮に入れる
☐☐☐	see	他	～がわかる、～を理解する

名 名詞

☐☐☐	accuracy	不	正確さ、精度
☐☐☐	agreement	不	同意、合意
☐☐☐	budget	可	予算、経費
☐☐☐	concern	不	配慮
☐☐☐	consideration	不	思いやり、考慮
☐☐☐	contract	可・不	契約、請負
☐☐☐	division	可	区分、部門
☐☐☐	execution	不	実行
☐☐☐	exercise	不	(通例the ～)(職権などの)行使、運動
☐☐☐	(financial) penalty	可・不	罰金
☐☐☐	fine	可	罰金
☐☐☐	implementation	不	実行、実施
☐☐☐	measurement	不	測定、測量

〔1〕名 集まり(100) ／〔2〕動 起こる(036) ／〔3〕名 欠陥(099)

☑☑☑	offer	可	提供、売り込み
☑☑☑	parking	不	駐車
☑☑☑	precision	不	正確さ、精度
☑☑☑	regard	不	敬意、心遣い
☑☑☑	routine	可·不	日課、決まってすること
☑☑☑	sanction	可	処罰、(通常複数形で)(国などに対する)制裁
☑☑☑	situation	可	状況、境遇

形 形容詞

☑☑☑	**accurate**	**(情報・計算などが)正確な、正しい**
☑☑☑	exact	正確な
☑☑☑	excellent	非常に優れた
☑☑☑	fine	すばらしい、上等な
☑☑☑	good	優れている
☑☑☑	initial	初めの、最初の
☑☑☑	precise	正確な

副 副詞

☑☑☑	abroad	外国に、外国へ
☑☑☑	accurately	正確に
☑☑☑	exactly	正確に
☑☑☑	precisely	正確に

前 前置詞

☑☑☑	about	～に関して、～について
☑☑☑	concerning	～に関する、～について
☑☑☑	**regarding**	**～に関して、～について**

TP

全部で50語!

Unit 1 Unit 2 Unit 3 Unit 4 Unit 5 Unit 6 Unit 7

Unit 6 単語テスト

単語テースト！　これまでに覚えた単語が定着しているか確認だ。3つのレベルに挑戦してもらうぞー！　Here we go!
【答え→p.368】

266

LEVEL 1

まずは必須の見出し語を確認。音声を聞いて、その単語のスペル、品詞、意味、言い換え語を書いてみよう。1項目10TP、全部書けたら40TPだ！

1
スペル　品詞
意　味
言い換え　TP

2
スペル　品詞
意　味
言い換え　TP

3
スペル　品詞
意　味
言い換え　TP

4
スペル　品詞
意　味
言い換え　TP

5
スペル　品詞
意　味
言い換え　TP

267

LEVEL 2

次は関連語を確認。音声を聞いて、その単語のスペル、品詞、意味、言い換え語を書いてみよう。1項目10TP、全部書けたら40TPだ！

6

スペル …………　品詞 …………

意　味 …………

言い換え …………　TP

7

スペル …………　品詞 …………

意　味 …………

言い換え …………　TP

8

スペル …………　品詞 …………

意　味 …………

言い換え …………　TP

268

LEVEL 3

LEVEL 3はTOEIC例文とBASIC例文に登場したTOEIC頻出単語（通称デル単）だ。音声を聞いて、その単語のスペル、品詞、意味を書いてみよう。1項目10TP、全部書けたら30TP獲得！

9

スペル …………　品詞 …………

意　味 …………　TP

10

スペル …………　品詞 …………

意　味 …………　TP

TOTAL　TP

TOEIC L&Rテスト形式問題！

Unit 6で学んだ英単語の語義や使い方を問う、TOEIC L&Rテスト形式の問題に挑戦！　1問50TP、全問正解で150TPだ！ 【答え→p.369】

1. To make effective decisions, the planning department needs ------- figures from production and sales.

(A) commercial
(B) dedicated
(C) accurate
(D) resistant

2. The unauthorized use of any of the photographs on this site is -------.

(A) prohibiting
(B) prohibited
(C) prohibitive
(D) prohibitively

3. Churchill Auto Parts is ------- a temporary shutdown of its factory to find the cause of some defects.

(A) alternating
(B) implementing
(C) impacting
(D) remaining

使ってみよう！

単語の意味を覚えたら、自分でも使えるようになって一人前！　こんな意味のこと、言えるかな？　構造例は「７つの文の形」(p.108)、使う単語はそれぞれの「単語カード」を参考にして取り組もう！　１問につき50TPだよ！

【答え→p.370】

1

その職員が、怠慢な支払いに対しての罰金についてほのめかしていることに気づいた。

構造例：〔S+V+O+C〕　使う単語：名 fine

まずはしっかりと知覚動詞を使った第５文型の語順仕組みを確認！　いざゆかん！　ヒントは…that節が便利！

2

うちの上司がそのぶっとんだ案を実行するのが目に浮かぶ。

構造例：〔S+V+O+C〕　使う単語：動 implement

ど、動詞が「目に浮かぶ」だと…!?　しかし、おれは可愛い生徒(君だ)のため、あえてどの動詞を使うかは言わん！

3

私は彼らが新しいスタッフについて何か話しているのを聞いた。

構造例：〔S+V+O+C〕　使う単語：前 regarding

“Regarding”を使いたいわけだけど、言い換えは“about”。なーんだ“about”の代わりに使えばいいのかと！　そういうこと！

TP

Cycle 2　Unit 6

Results

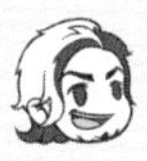

Unit 6の獲得 TP を記録しておこう。何 TP 取れたかな？

	1回目	2回目	3回目
POP QUIZ	/ 90 TP	/ 90 TP	/ 90 TP
単語テスト	/ 380 TP	/ 380 TP	/ 380 TP
TOEIC形式問題	/ 150 TP	/ 150 TP	/ 150 TP
使ってみよう!	/ 150 TP	/ 150 TP	/ 150 TP
TOTAL	/ 770 TP	/ 770 TP	/ 770 TP

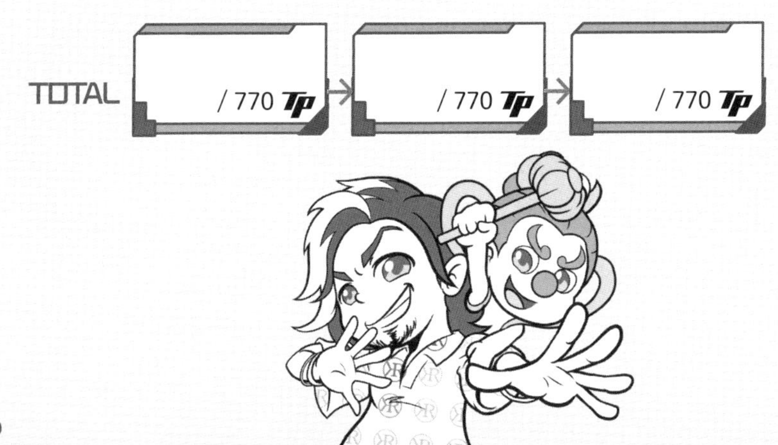

271

066

debt

900
800
650
500
350

【dét】名 可 不 借金、負債、債務

outstanding payment, dues

TOEIC

The government is addressing **debt** problems
政府は取り組んでいる／ 債務問題に／

at private companies.
民間企業の。

BASIC

I was in so much **debt**, but I finally dug
私は多額の借金を抱えていた／ しかしついに掘り出した／

myself out of it.
私自身を／そこから。

"be in debt"で「借金がある」。
まあなんとも景気の悪い単語です。

〔1〕形 productive ／〔2〕形 accurate ／〔3〕動 consume

067

avoid

900
800
650
500
350

【əvɔ́id】動 他 ～を避ける、～を回避する

keep/stay away from, escape

TOEIC

This could have been **avoided** if we'd had
これは避けることができた／ もし私たちが受けていたら／

a business consultation with the banker.
経営相談を／ 銀行員との。

BASIC

I think he's trying to **avoid** me somehow.
私は思う／彼は避けようとしている／ 私を／なぜだか。

"avoid doing"の使い方を覚えよう！
"avoid to do"とは言わないので注意。

派 **avoidance** escape

名 不 避けること、回避

"tax avoidance"で「節税」。

〔1〕形 生産的な（081）／〔2〕形（情報・計算などが）正確な（064）／〔3〕動 ～を消費する（030）

TP

068

permit

900
800
650
500
350

【pərmít】動 他 ～を許可する、～を許す

allow, authorize

TOEIC

While construction is ongoing,
工事が進行中の間は、／
parking is only **permitted** in the designated area.
駐車は指定された場所でのみ許可されています。

BASIC

Smoking is still **permitted**
喫煙はまだ許可されている／
in some of the old-school coffee shops.
いくつかの昔ながらの喫茶店で。

例文の"be permitted"と、"permit 人 to do"の使い方、覚えておこうっ。

別 **permit** license
名 可 許可証、免許状

派 **permission** approval, authorization
名 不 許可、承認

"permit"の名詞、意外と出てくるでー。

関連語

〔1〕動 convert ／〔2〕形 appropriate ／〔3〕動 launch

274

069

pile

900
800
650
500
350

【páil】名 可 (同種の物の)山、積み重ね

stack, heap

TOEIC

There is a **pile** of apples next to the crate.
いくつかのリンゴがある／木枠の隣に。

BASIC

I sorted my laundry into two separate **piles**.
私は分類した／自分の洗濯物を／ふたつの別々の山に。

プロレス技で「パイルドライバー」ってあるけど、あれは「杭打ち機」の方の意味からきてるね(涙)。

別 **pile** stack, accumulate
動 他 (物など)を積み上げる、積み重ねる

名詞も動詞もTOEICに欠かせない！

関連語

〔1〕動 ～を変える(013) ／〔2〕形 適切な(044) ／
〔3〕動 ～を始める(018)

TP

275

070

specify

900
800
650
500
350

【spésəfài】動 他 ～を詳細に述べる、～を明記する

describe, detail

TOEIC

The percentage of raise is specified in the contract.
昇給の割合は／明記されている／契約書に。

BASIC

You have to specify the exact time of the incident when you file a claim.
具体的に述べてください／出来事の正確な時間を／申し立てを申請するときは。

例文にないけど(汗)目的語の位置に、that節やwh節もよく来るぞー。

派 **specific** particular, distinct

形 明確な、具体的な、特定の

派 **specification** statement, description

名 可 明細事項、(通常複数形で)仕様書

「スペック」って“specifications”のこと。

関連語

Pop Quiz

〔1〕動 associate ／〔2〕副 previously ／〔3〕動 account

Unit 7 語句一覧

UNIT 7で覚えた語句の一覧だよ。意味を覚えているか、確認してみよう！

動 動詞

☑☑☑	accumulate	他	～を蓄積する
☑☑☑	**address**	他	**～に取り組む、～を扱う**
☑☑☑	allow	他	～を許可する、～を許す
☑☑☑	authorize	他	～を許可する、～に権限を与える
☑☑☑	**avoid**	他	**～を避ける、～を回避する**
☑☑☑	describe	他	～の特徴を述べる
☑☑☑	designate	他	～を指定する、～を用意する
☑☑☑	detail	他	～を詳細に述べる
☑☑☑	escape	他	～を逃れる
☑☑☑	file	他	～を提出する
☑☑☑	keep away from		～から遠ざけておく
☑☑☑	**permit**	他	**～を許可する、～を許す**
☑☑☑	pile	他	(物など)を積み上げる、積み重ねる
☑☑☑	sort	他	～を分類する、～を区分する
☑☑☑	**specify**	他	**～を詳細に述べる、～を明記する**
☑☑☑	stack	他	～を積み重ねる
☑☑☑	stay away from		～を避ける

名 名詞

☑☑☑	approval	可・不	許可、承認
☑☑☑	authorization	可・不	許可、公認
☑☑☑	avoidance	不	避けること、回避
☑☑☑	banker	可	銀行員(幹部職員)
☑☑☑	claim	可	申し立て、要求
☑☑☑	construction	不	工事、建設
☑☑☑	consultation	可・不	相談、協議
☑☑☑	contract	可・不	契約、請負
☑☑☑	**debt**	可・不	**借金、負**
☑☑☑	description	可	記述
☑☑☑	dues	不	(通常複数形で)当然支払われるべきもの
☑☑☑	escape	可・不	避けること、回避

〔1〕動 ～を関係させる(083) ／〔2〕副 以下に(032) ／〔3〕動 原因となる(001)

☑☑☑	government	可	政府、政権
☑☑☑	heap	可	(雑然と重なった)山、積み重ね
☑☑☑	incident	可	出来事、偶発事件
☑☑☑	laundry	不	(集合的に)洗濯物
☑☑☑	license	可	許可証、免許証
☑☑☑	outstanding payment		支払い延滞分
☑☑☑	parking	不	駐車
☑☑☑	percentage	不	割合、部分
☑☑☑	permission	不	許可、承認
☑☑☑	permit	可	許可証、免許状
☑☑☑	**pile**	可	**(同種の物の)山、積み重ね**
☑☑☑	raise	可	昇給、値上げ
☑☑☑	specification	可	明細事項、(通常複数形で)仕様書
☑☑☑	stack	可	(きちんと積み重ねた)山、積み重ね
☑☑☑	statement	可	報告書

形 形容詞

☑☑☑	distinct	明瞭な、全く異なった
☑☑☑	exact	正確な、的確な
☑☑☑	ongoing	進行中の、継続している
☑☑☑	particular	特定の
☑☑☑	separate	個々の、別々の
☑☑☑	specific	明確な、具体的な、特定の

副 副詞

☑☑☑	somehow	なぜだか、どういうわけか

全部で51語!

Unit 7 単語テスト

単語テースト！　これまでに覚えた単語が定着しているか確認だ。3つのレベルに挑戦してもらうぞー！　Here we go!
【答え→p.371】

276

LEVEL 1

まずは必須の見出し語を確認。音声を聞いて、その単語のスペル、品詞、意味、言い換え語を書いてみよう。1項目10TP、全部書けたら40TPだ！

1
スペル .... 品詞 ....
意　味 ....
言い換え .... TP

2
スペル .... 品詞 ....
意　味 ....
言い換え .... TP

3
スペル .... 品詞 ....
意　味 ....
言い換え .... TP

4
スペル .... 品詞 ....
意　味 ....
言い換え .... TP

5
スペル .... 品詞 ....
意　味 ....
言い換え .... TP

277

LEVEL 2

次は関連語を確認。音声を聞いて、その単語のスペル、品詞、意味、言い換え語を書いてみよう。１項目10TP、全部書けたら40TPだ！

スペル 品詞

意 味

言い換え TP

7

スペル 品詞

意 味

言い換え TP

8

スペル 品詞

意 味

言い換え TP

278

LEVEL 3

LEVEL 3はTOEIC例文とBASIC例文に登場したTOEIC頻出単語（通称デル単）だ。音声を聞いて、その単語のスペル、品詞、意味を書いてみよう。1項目10TP、全部書けたら30TP獲得！

スペル 品詞

意 味 TP

スペル 品詞

意 味 TP

TOTAL TP

TOEIC L&Rテスト形式問題！

Unit 7で学んだ英単語の語義や使い方を問う、TOEIC L&Rテスト形式の問題に挑戦！ 1問50TP、全問正解で150TPだ！
【答え→p.372】

1. Coleton City ------- residents to park their vehicles along the street in residential areas.

(A) permission
(B) permissive
(C) permitting
(D) permits

2. The lawnmower's operating instructions ------- the use of high-grade motor oils.

(A) specific
(B) specifically
(C) specifications
(D) specify

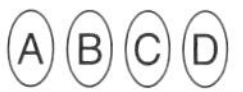

3. Hikers should ------- trails that cross rivers immediately after heavy rainfall.

(A) avoid
(B) avoidable
(C) avoidance
(D) avoidably

使ってみよう！

単語の意味を覚えたら、自分でも使えるようになって一人前！　こんな意味のこと、言えるかな？　構造例は「7つの文の形」(p.122)、使う単語はそれぞれの「単語カード」を参考にして取り組もう！　1問につき50TPだよ！

【答え→p.373】

1

彼に子供の前でタバコを吸うのを避けてもらった。

構造例：［S+V+O+C］　使う単語：動 avoid

Sから始まり、使役動詞のチョイスが終わったら、avoid ～ing！“in front of ～”で「～の前で」だ。

2

彼女に誕生日プレゼントに欲しい銘柄を特定させてあげた。

構造例：［S+V+O+C］　使う単語：動 specify

この太っ腹は誰だ！　君だ！“I”から始めよう！でも金で“I”は買えないからな。

3

彼女は私に特定の情報を本の束から探させた。

構造例：［S+V+O+C］　使う単語：名 pile　形 specific

これはさっきのお題の彼女と同じ彼女か？　尻に敷かれすぎだ！　そんな甘ったれた君はヒントなしで頑張れ！

TP

Results

Unit 7の獲得 TP を記録しておこう。何 TP 取れたかな？

	1回目	2回目	3回目
POP QUIZ	/ 90 TP	/ 90 TP	/ 90 TP
単語テスト	/ 380 TP	/ 380 TP	/ 380 TP
TOEIC形式問題	/ 150 TP	/ 150 TP	/ 150 TP
使ってみよう!	/ 150 TP	/ 150 TP	/ 150 TP
TOTAL	/ 770 TP	/ 770 TP	/ 770 TP

Cycle 2で登場した語句の一覧だよ。スペルや品詞、意味を覚えているか、確認してみよう！

取れるぞ500点！ エントリー語彙レベル

動 動詞

address	他	～に取り組む	loan	他	(人)に(金)を貸す
allow	他	～を許可する	observe	他	～ということに気付く
buy regularly		定期的に購入する	offer	他	～を提供する
carry out		～を遂行する	print	他	～を印刷する
change	他	～を変える	**propose**	他	**～を提案する**
change	自	変わる	reach	他	～に達する
choose	自	(～の間から)選ぶ	receive	他	～を受け取る
concern	他	～を心配させる	**reflect**	他	**～を反映する**
describe	他	～の特徴を述べる	request	他	～を要求する
detail	他	～を詳細に述べる	require	他	～を要求する
display	他	～を露呈する	review	他	～を見直す
do	他	～をする	see	他	～がわかる
escape	他	～を逃れる	select	自	(～を慎重に)選び出す
file	他	～を提出する	separate	他	～を分ける
gain	他	～を獲得する	show	他	～を表している
get	他	～を得る	sort	他	～を分類する
happen	自	起こる	stack	他	～を積み重ねる
have room for		～の余地がある	suggest	他	～を提案する
hire	他	～を雇う	take place		起こる
hold	他	～を収容できる	think about		～について考える
leave	自	去る			

名 名詞

a place to stay		居場所	client	可	顧客
agreement	不	同意	committee	可	(集合的に)委員会
argument	可	口論	computer	可	コンピューター
banker	可	銀行員(幹部職員)	contract	可・不	契約
change	可・不	変化	contract	可・不	契約
choice	可・不	選択	data	可	(単数・複数扱い)データ
choice	可・不	選択	economy	不	経済
choice	可・不	選択	effort	不	努力
claim	可	申し立て			

escape	可･不	避けること
event	可	(重要な･変わった)出来事
expense	可･不	費用
experience	不	経験
fee	可	料金
generation	可	(集合的に)同世代の人々
government	可	政府
hall	可	ホール
happening	可	(通例複数形で)(思いがけない)出来事
housing	不	(集合的に･単数扱い)住宅
(mirror) image	可	(鏡に映った)姿
impact	可･不	影響
importance	不	重要さ
income	可･不	収入
insurance	不	保険
lack	不	欠如
license	可	許可証
member	可	一員
membership	可･不	会員の身分
offer	可	提供
option	可	選択

parking	不	駐車
part	可･不	部分
(financial) penalty	可･不	罰金
percentage	不	割合
plan	可･不	計画
point	可	(通例the ~)要点
praise	不	賞賛の言葉
product	可･不	製品
profit	可･不	利益
project	可	事業
raise	可	昇給
request	可	要請
selection	不	選択
situation	可	状況
skill	可･不	技能
stack	可	(きちんと積み重ねた)山
stock	可･不	在庫品
suggestion	可	提案
thought	可	考え
trust	不	信用
value	不	価値
variation	不	変化(すること)

形 形容詞

educational	教育の
exact	正確な
excellent	非常に優れた
fine	すばらしい
free	無料の
good	優れている
medical	医療の
not required	必須ではない

physical	物質の
possible	可能性のある
proper	適切な
separate	個々の
specific	明確な
suitable	適した
tough	(人に対して)厳しい

副 副詞

abroad	外国に
exactly	正確に
possibly	(canやcouldを伴って肯定文で)なんとか

properly	ふさわしく
rarely	めったに~ない
seldom	**めったに~ない**
somehow	なぜだか

前 前置詞

about	～に関して

中上級を目指せ！　アドバンス語彙レベル

動 動詞

abide	自	(規則・決定などに同意できなくても)従う
accommo-date	他	**～を収容する／できる**
accumulate	他	～を蓄積する
acquire	他	**～を得る**
adhere	自	(規則・信念・主義などに)忠実に従う
adjust	他	～を調節する
alter	他	**～を変える**
appraise	他	～を評価する
assess	他	～を評価する
authorize	他	～を許可する
avoid	他	**～を避ける**
ban	他	～を禁止する
charge	他	～を非難する
commit	他	～に(真剣に)取り組む
compensate	他	～に賠償する
comply	自	**従う**
consider	他	**～と考える**
consult	他	～に相談する
dedicate	他	**(時間や労力)を捧げる**
demand	他	**～を要求する**
designate	他	～を指定する
devote	他	(時間や労力)を捧げる
dispute	他	**～に反対する**
distribute	他	～を配布する
earn	他	**～を得る**
evaluate	他	**～を評価する**
fine	他	**～に罰金を課する**
fluctuate	自	**変動する**
forbid	他	～を禁止する
hesitate	他	～をためらう
implement	他	**～を実行する**
invest	自	投資する
keep away from		～から遠ざけておく
keep up		遅れないようについていく
object to		～に反対する
obtain	他	(努力して・計画的に) ～を得る
occur	自	**起こる**
oppose	他	～に反対する
opt	自	**(～のどちらかを)選ぶ**
penalize	他	～を罰する
permit	他	**～を許可する**
pile	他	(物など)を積み上げる
preserve	他	～を保護する
prohibit	他	**～を禁止する**
quit	自	やめる
refund	他	～を払い戻す
regard	他	～について考える、～とみなす
reimburse	他	**～を返済する**
specify	他	**～を詳細に述べる**
stay away from		～を避ける
steer	他	～を操縦する
subscribe	自	**定期購読する**
vary	自	変わる

名 名詞

accommoda-tion	不	(通常複数形で)宿泊設備
accuracy	不	正確さ
acquisition	不	獲得
adherence	不	(規則の)順守
adjustment	可・不	調整
alteration	可・不	変更
apology	可・不	謝罪
appraisal	可・不	評価
approval	可・不	許可
aspect	可	**側面**
assessment	不	評価
associate	可	仲間
authorization	可・不	許可
avoidance	不	避けること
banquet	可	宴会
budget	可	予算
CEO	可	社長 ※chief executive officerの略。
colleague	可	**同僚**
commenda-tion	不	推賞
commitment	不	献身
compensa-tion	不	補償
compliance	不	従うこと
compliment	可	賛辞
concern	不	配慮
conflict	可・不	対立
consideration	不	考慮、思いやり
construction	不	工事
consultation	可・不	相談
contribution	不	貢献
coworker	可	同僚
debt	可・不	**借金**
dedication	不	献身
demand	可	要求
description	可	記述
devotion	不	献身
dispute	可・不	口論
division	可	区分
dues	不	(通常複数形で)当然支払われるべきもの
earnings	複	収入
evaluation	可・不	評価
exam	可	試験
execution	不	実行
exercise	不	(通例the ～)(職権などの)行使
fine	可	罰金
fluctuation	可・不	変動
garbage	不	ゴミ
guidance	不	ガイダンス
heap	可	(雑然と重なった)山
implementation	不	実行
incident	可	出来事
income	可・不	収入
indicator	可	表示計器
inflation	可・不	インフレーション
laundry	不	(集合的に)洗濯物
manufacturer	可	製造業者
measurement	不	測定
observance	不	(規則・法律などの)順守
obtainment	不	獲得
occurrence	可	出来事
outstanding payment		支払い延滞分
patron	可	ひいき客
permission	不	許可
permit	可	許可証
pile	可	**(同種の物の)山**
precision	不	正確さ
proposal	可・不	提案
real estate	可・不	不動産
recognition	不	評価

reflection	可	反映
refund	可	払戻金
regard	不	敬意
reimbursement	可・不	返済
requirement	可	(法・規制などが求める)必要条件
routine	可・不	日課
sanction	可	処罰
specification	可	**明細事項**
spending	可・不	支出
statement	可	報告書
subscriber	可	定期購読者
subscription	可	定期購読
warehouse	可	倉庫

形 形容詞

accurate	**(情報・計算などが)正確な**
appropriate	**適切な**
challenging	(仕事・問題などが)やりがいのある
committed	献身的な
complimentary	**無料の**
considerable	かなりの
dedicated	献身的な
demanding	あまりに多くを要求する
devoted	献身的な
distinct	明瞭な
eligible	ふさわしい
environmental	環境上の
free of charge	無料の
initial	初めの
introductory	入門的な
massive	壮大な
ongoing	進行中の
optional	選択の
outstanding	**傑出した**
particular	特定の
precise	正確な
preliminary	**準備の**
preparatory	準備の
prominent	卓越した
significant	かなりの
substantial	かなりの
voluntary	自発的な

副 副詞

accurately	正確に
appropriately	ふさわしく
considerably	かなり
hardly ever	めったに～ない
online	オンラインで
precisely	正確に
significantly	かなり
substantially	相当に
suitably	適切に

前 前置詞

concerning	～に関する
despite	**～にもかかわらず**
due to ～	～のせいで
in spite of	～にもかかわらず
regarding	**～に関して**
regardless of	～にかまわず

Cycle 2 大単語テスト

Cycle 2で学習した単語をまとめて復習しよう。

【答え→p.374】

LEVEL 4

まずは見出し語と関連語を確認。音声を聞いて、その単語のスペル、品詞、意味、そして言い換え語を書いてみよう。1項目20TP、全部書けたら80TPだ！

1

スペル …… 品詞 ……

意　味 ……

言い換え …… TP

2

スペル …… 品詞 ……

意　味 ……

言い換え …… TP

3

スペル …… 品詞 ……

意　味 ……

言い換え …… TP

4

スペル …… 品詞 ……

意　味 ……

言い換え …… TP

5

スペル …… 品詞 ……

意　味 ……

言い換え …… TP

6

スペル …… 品詞 ……

意　味 ……

言い換え …… TP

7
スペル　品詞
意　味
言い換え　TP

8
スペル　品詞
意　味
言い換え　TP

9
スペル　品詞
意　味
言い換え　TP

10
スペル　品詞
意　味
言い換え　TP

282

LEVEL 5

ここからはデル単が出題範囲だ。音声を聞いて、その単語のスペル、品詞、意味を書いてみよう。1項目20TP、全部書けたら60TP獲得!!

	スペル	品詞	意　味	
11				TP
12				TP
13				TP
14				TP
15				TP
16				TP
17				TP
18				TP

TOTAL　TP

DJリチャードの発音講座 2

子音のお話 291

ここは音による講座！
音声で会おう！

※英単語訳、例文の後ろの[　　]内は単語カードの番号です。

子音l：舌ったらずの「ら」の例 292

《例1》そのあとに母音が続くパターン

launch【lɔ́ːntʃ】（～を始める）[018]
fluctuate【flʌ́ktʃuèit】（変動する）[060]
reflect【riflékt】（～を反映する）[055]
eligible【élidʒəbl】（ふさわしい）[097]
preliminary【prilímənèri】（準備の）[242]

《例2》そのあとに母音がないパターン

alter【ɔ́ːltər】（～を変える）[048]
assemble【əsémbl】（～を集める）[100]
mutual【mjúːtʃuəl】（共通の）[076]
personnel【pəːrsənél】（全職員）[102]

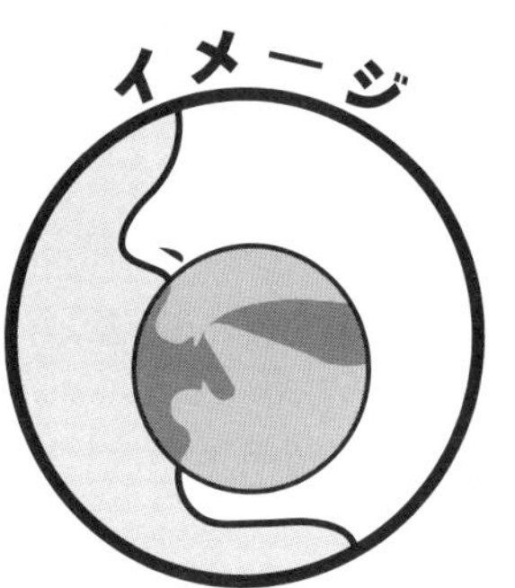

子音r：舌を引いて唇を突き出す「ら」の例 293

《例》

reimburse【rìːimbə́ːrs】
（～返済する）[041]
revenue【révənjùː】（総収益）[088]
appropriate【əpróupriət】
（適切な）[044]
subscribe【səbskráib】（定期購読する）[051]

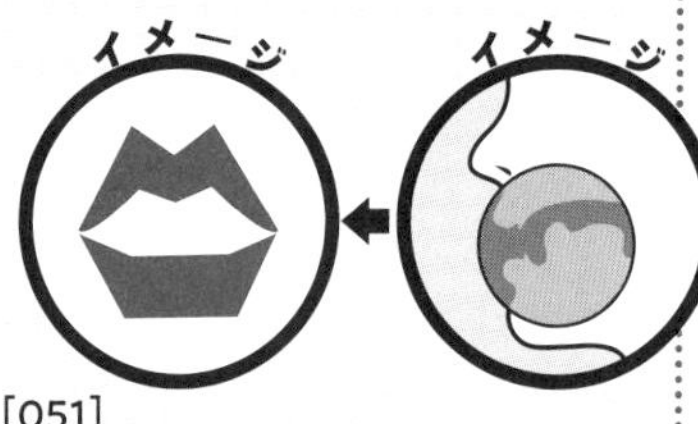

消える音の例

《例１》破裂音が子音にぶつかるパターン

admit【ədmít】（〜に入ることを許す）[024]
subscribe【səbskráib】（定期購読する）[051]
outstanding【àutstǽndiŋ】（特に優れた）[038]
optimistic【ὰptəmístik】（楽観的な）[023]

《例２》最後に破裂音のパターン

exhibit【igzíbit】（〜を展示する）[007]
extend【iksténd】（〜を延ばす）[035]
state【steit】（〜をはっきりと述べる）[014]
compete【kəmpíːt】（競争する）[002]

濁る音の例

《例１》tが母音に挟まれるパターン

property【prάpərti】（物件）[017]
innovative【ínəvèitiv】（画期的な）[008]
consecutive【kənsékjutiv】（連続した）[092]
headquarters【hédkwɔ̀ːrtərz】（本社）[071]

《例２》その他パターン

entitle【intáitl】（〜に資格を与える）[096]
encounter【inkáuntər】（〜に出くわす）[101]

TANGO-OH

Cycle3

311

071

headquarters

900 800 650 500 350

【hédkwɔ̀ːrtərz】名 可 本部、本社

head office, main office

TOEIC

I need to call the company **headquarters**
私は電話する必要がある／本社に／

to ask for compensation.
補償を求めるために。

BASIC

Have you visited
行ってみた／

RK English's new **headquarters** building yet?
RK Englishの新しい本社ビルにもう？

このまま単数でも複数でも扱われる。つまり、"a headquarter"という言い方はしないので注意だ！

〔1〕名 acquisition ／〔2〕名 premise ／〔3〕動 contradict

072

correspond

900
800
650
500
350

【kɔ̀ːrəspɑ́nd】動 自 ①一致する　②連絡する、文通する

match, accord

TOEIC

Please let me know if the matter **corresponds** to
教えてください／　もしそのことが一致するのなら／

any of the following.
以下のいずれかにでも。

BASIC

It was just a dream and didn't **correspond** to
それは夢にすぎなかった／　そしてそれは一致しなかった／

reality in any way.
現実と／ まったく。

例文切ないね……みんな、夢は必ず叶うぞ！
"correspond to ～" = "accord with ～"

派 **correspondence**  documents
名 可 手紙、通信文　不 文通、通信

この意味でもたまーに
出てくるで！

関連語

〔1〕名 獲得（049）／〔2〕名（通常複数形で）敷地（017）／〔3〕動 ～と矛盾する（078）

313

Unit 1 Unit 2 Unit 3 Unit 4 Unit 5 Unit 6 Unit 7

073

merge

900 800 650 500 350

【mə́ːrdʒ】動 自 合併する

combine, unite

TOEIC
Japanese banks continue to **merge**
日本の銀行は合併し 続け／
and develop long new names.
そして作り出す／ 長い新しい名前を。

BASIC
Those two streets **merge** into one.
それらの２つの道は合流する／ １つに。

"merge A with B" も覚えておくといいぞい。自動詞もあって、"with" とセットで。

派 **merger** union, incorporation
名 可 不 （吸収）合併

"a merger between A and B" で「AとBの合併」！

関連語

Pop Quiz

〔1〕動 merge ／〔2〕動 subscribe ／〔3〕動 comply

314

074

refer

900
800
650
500
350

【rifə́ːr】動 自 言及する、参照する

mention, consult

TOEIC

Questions NO. 32 through 34 **refer** to
第32問から34問は参照します／

the following conversation.
次の 会話を。

BASIC

Don't get me wrong here; I'm not **referring**
勘違いするなよ。／ おれは言ってない／

to you.
おまえのことを。

例文のように"to"とセットでよろ！ 実は他動詞もあって、
"refer A to B"で「AをBに差し向ける」。
言い換えの"mention"と"consult"は両方とも他動詞なので、
"refer to"のセットと言い換えよう！
(「参照する」という意味では"consult"は他動詞)

派 **reference** source, information
名可 言及した事柄、参考(書) 不 言及、参考

「推薦状」や「身元保証人」の
意味も！

〔1〕動 合併する(073) ／
〔2〕動 定期購読する(051) ／〔3〕動 従う(040)

075

ordinary

900 800 650 500 350

【ɔ́ːrdənèri】形 普通の、平凡な

usual, typical

TOEIC

The play is about the ordinary life
その演劇は平凡な人生についてである／

of an ordinary man.
平凡な男の。

BASIC

My days have been nothing out of the ordinary.
私の日々は外に出ていない／日常の。／

How about you?
あなたは？

まあなんでも普通が一番ってね！　しかしTOEIC例文の演劇はつまんなそーだね(笑)。

〔1〕副 mutually ／〔2〕形 innovative ／〔3〕動 audit

Unit 1 語句一覧

UNIT 1で覚えた語句の一覧だよ。意味を覚えているか、確認してみよう！

動 動詞

□□□	accord	自	一致する
□□□	combine	自	合併する、結合する
□□□	consult	自	相談する
□□□	continue	他	～を続ける
□□□	**correspond**	自	**一致する、連絡する、文通する**
□□□	develop	他	～を作り上げる、～を開発する
□□□	match	自	一致する、調和する
□□□	mention	他	～に言及する
□□□	**merge**	自	**合併する**
□□□	**refer**	自	**言及する、参照する**
□□□	unite	自	団結する、結合する

名 名詞

□□□	compensation	不	補償、賠償
□□□	conversation	可・不	会話、対談
□□□	correspondence	可	手紙、通信文
□□□	documents	可	文書
□□□	following	不	以下のもの、次に述べるもの
□□□	head office	可	本部、本社
□□□	**headquarters**	可	**本部、本社**
□□□	incorporation	不	合併
□□□	information	不	情報
□□□	main office	可	本部、本社
□□□	merger	可・不	（吸収）合併
□□□	reality	可・不	現実、事実
□□□	reference	可	言及した事柄、参考（書）
□□□	source	可	（通常複数形で）情報源
□□□	union	不	合併

〔1〕副 相互に（076）／〔2〕形 革新的な（008）／〔3〕動 ～に会計監査をする（103）

形 形容詞

☑☑☑	following	次の、下記の
☑☑☑	**ordinary**	**普通の、平凡な**
☑☑☑	typical	普通の
☑☑☑	usual	いつもの

Tp

全部で30語!

Unit 1 単語テスト

単語テースト！　これまでに覚えた単語が定着しているか確認だ。3つのレベルに挑戦してもらうぞー！　Here we go!
【答え→p.376】

316

LEVEL 1

まずは必須の見出し語を確認。音声を聞いて、その単語のスペル、品詞、意味、言い換え語を書いてみよう。1項目10TP、全部書けたら40TPだ！

1
スペル　品詞
意　味
言い換え　TP

2
スペル　品詞
意　味
言い換え　TP

3
スペル　品詞
意　味
言い換え　TP

4
スペル　品詞
意　味
言い換え　TP

5
スペル　品詞
意　味
言い換え　TP

317

LEVEL 2

次は関連語を確認。音声を聞いて、その単語のスペル、品詞、意味、言い換え語を書いてみよう。1項目10TP、全部書けたら40TPだ！

6

スペル ………… 品詞 …………

意　味 …………

言い換え ………… TP

7

スペル ………… 品詞 …………

意　味 …………

言い換え ………… TP

8

スペル ………… 品詞 …………

意　味 …………

言い換え ………… TP

318

LEVEL 3

LEVEL 3はTOEIC例文とBASIC例文に登場したTOEIC頻出単語（通称デル単）だ。音声を聞いて、その単語のスペル、品詞、意味を書いてみよう。1項目10TP、全部書けたら30TP獲得！

9

スペル ………… 品詞 …………

意　味 ………… TP

10

スペル ………… 品詞 …………

意　味 ………… TP

TOTAL TP

TOEIC L&Rテスト形式問題！

Cycle 3 Unit 1で学んだ英単語の語義や使い方を問う、TOEIC L&Rテスト形式の問題に挑戦！　1問50TP、全問正解で150TPだ！ 【答え→p.377】

1. The article contributed to the economic journal is clearly ------- to the insurance company.

(A) reference
(B) referee
(C) refers
(D) referring

2. Please make sure that the part number you give the operator ------- to the part you need.

(A) corresponds
(B) affects
(C) promises
(D) nominates

3. Clifford Manufacturing and Neumann Parts will ------- in June move to a new address.

(A) initialize
(B) expire
(C) categorize
(D) merge

使ってみよう！

単語の意味を覚えたら、自分でも使えるようになって一人前！　こんな意味のこと、言えるかな？　構造例は「７つの文の形」(p.38)、使う単語はそれぞれの「単語カード」を参考にして取り組もう！　１問につき50TPだよ！

【答え→p.378】

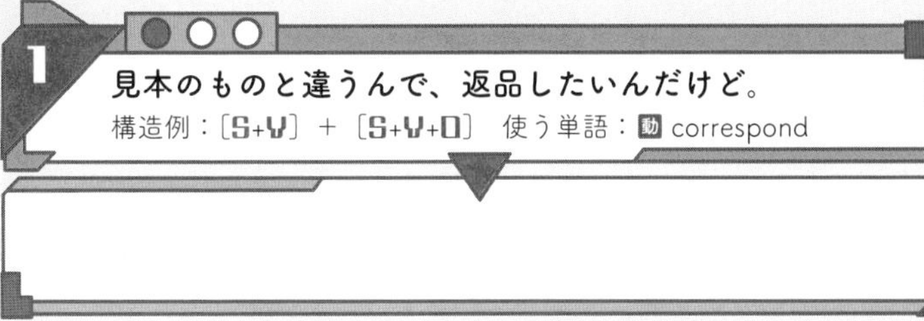

1

見本のものと違うんで、返品したいんだけど。

構造例：〔S+V〕＋〔S+V+O〕　使う単語：動 correspond

第１文型！　シンプルなだけに、“correspond” を正しく使うのだ！　そうすると、何が主語になるか…考えよう！

2

名前こそ書いてないが、たぶん彼女はこの手紙の中で私のことを言っているんだと思う。

構造例：〔S+V+O〕＋〔S+V〕　使う単語：動 refer

名前を書かなかったのは…彼女、だから“she”から始める、もしくは “My name”から始めて受け身でいくか！

3

別の会社と合併するから来月から本社が東京になるぞ。

構造例：〔S+V〕＋〔S+V+C〕　使う単語：動 merge　名 headquarters

合併するのは先の話だから未来形で。特に予定を述べる場合は “be going to ～” がおすすめだ！

Cycle 3 Unit 1

Results

Unit 1の獲得 TP を記録しておこう。何 TP 取れたかな？

	1回目	2回目	3回目
POP QUIZ	/ 90 TP	/ 90 TP	/ 90 TP
単語テスト	/ 380 TP	/ 380 TP	/ 380 TP
TOEIC 形式問題	/ 150 TP	/ 150 TP	/ 150 TP
使ってみよう！	/ 150 TP	/ 150 TP	/ 150 TP
TOTAL	/ 770 TP	/ 770 TP	/ 770 TP

321

076

mutual

900
800
650
500
350

【mjúːtʃuəl】形 相互の、共通の

common, shared

TOEIC

We have maintained a long-term business
私たちは維持した／長期にわたる事業を／

for our **mutual** benefit.
双方の 利益のために。

BASIC

He is a **mutual** friend of ours.
彼は共通の友達だ／私たちの。

それぞれの例文の使い方、"mutual benefit" と "mutual friend"、めっちゃ使えるから覚えといて！

派 **mutually** reciprocally
副 相互に、互いに

"reciprocally" はすまん、TOEICには出ない（涙）。

関連語

Pop Quiz

〔1〕動 correspond ／〔2〕形 responsive ／〔3〕名 aspect

322

077

consequence

900
800
650
500
350

【kάnsəkwèns】名 可 結果、成り行き

result, outcome

TOEIC

As a **consequence**,
結果として、／

the warranty will be invalidated immediately.
保証は無効化されます／ 即座に。

BASIC

That's a **consequence** of not going to the dentist
それは結果だ／ 歯医者に行かなかった／

for so long.
そんなに長い間。

"result"をめっちゃかっこよく言ったらこれ。
ちょっと知的に見られたい、そんなあなたにこれ！

〔1〕動 一致する（072）／〔2〕形 反応のよい（079）／
〔3〕名 側面（059）

323

078

contradiction

900
800
650
500
350

【kὰntrədíkʃən】名 可 不 矛盾、不一致

inconsistency, discrepancy

TOEIC

Various **contradictions** called for
様々な 矛盾が要請した／
additional research.
追加の 調査を。

BASIC

There are just too many **contradictions** in
ただただ多くの矛盾がありすぎる／
what you're saying.
君が言っていることには。

ってかこれ、見出し語も言い換えも全部難しいじゃん！
ぐはー、英語は楽しく、時に根性！

元 **contradict** conflict, differ

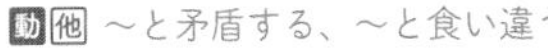

動 他 ～と矛盾する、～と食い違う

"conflict"は"with"、"differ"は"from"とセットで！

関連語

〔1〕名 productivity ／〔2〕形 outstanding ／〔3〕動 detach

324

079

respond

900
800
650
500
350

【rispάnd】動 自 返答する、反応する

TOEIC

Nearly all the visitors who viewed the poignant
ほとんどの訪問者／　悲痛な写真を見た／

photographs responded emotionally.
は感情的に反応した。

BASIC

This is Whiterock. Bravo 2, respond.
こちらホワイトロック。／　ブラボー2、応答せよ。

言い換え第3位は“answer”で！
BASIC例文やたらかっこいいけど、使う機会やいかに!?

名可 返答、応答　可 不 反応、反響

派 **responsive** reactive
形 反応のよい、敏感な

派 **responsible** accountable, liable
形 責任がある

〔1〕名 生産性（081）／〔2〕形 傑出した（038）／
〔3〕動 ～を引き離す（015）

081

perform

900
800
650
500
350

【pərfɔ́ːrm】動 他 ～をする、～を上演する

do, carry out

TOEIC

Regular maintenance work needs to be
定期的な メンテナンス作業が行われる必要がある／

performed once every three months.
3カ月に一度。

BASIC

A graduate **performed** a dance
卒業生が披露した／ ダンスを／

for the undergraduates.
現役生のために。

名詞"performance"は日本語でも使うから馴染みあるかもだけど、これはそれの動詞の形！

派 **performance** show, concert

名 可 演技、成績

「成績」の意味では、"achievement"に言い換え可！

関連語

〔1〕形 substantial ／〔2〕動 opt ／〔3〕形 consecutive

Unit 2 語句一覧

UNIT 2で覚えた語句の一覧だよ。意味を覚えているか、確認してみよう！

動 動詞

☐☐☐	carry out		～を遂行する、～を管理する
☐☐☐	conflict	自	対立する、衝突する
☐☐☐	contradict	他	**～と矛盾する、～と食い違う**
☐☐☐	differ	自	意見が合わない、考え方が違う
☐☐☐	do	他	～をする、～を演じる
☐☐☐	maintain	他	**～を維持する、～を保つ**
☐☐☐	**perform**	他	**～をする、～を上演する**
☐☐☐	react	自	反応する
☐☐☐	reply	自	返答する、反応する
☐☐☐	**respond**	自	**返答する、反応する**
☐☐☐	view	他	～を眺める

名 名詞

☐☐☐	benefit	可·不	利益、利得
☐☐☐	concert	可	コンサート、演奏会
☐☐☐	**consequence**	可	**結果、成り行き**
☐☐☐	**contradiction**	可·不	**矛盾、不一致**
☐☐☐	dentist	可	歯医者
☐☐☐	discrepancy	可·不	矛盾、不一致
☐☐☐	graduate	可	卒業生、学士
☐☐☐	inconsistency	可·不	矛盾、不一致
☐☐☐	maintenance	不	整備、管理
☐☐☐	outcome	可	結果
☐☐☐	performance	可	演技、成績
☐☐☐	reaction	可·不	反応
☐☐☐	reply	可	返答
☐☐☐	research	不	調査、探求
☐☐☐	response	可	返答、応答
☐☐☐	result	可·不	結果
☐☐☐	show	可	ショー、見世物
☐☐☐	visitor	可	訪問者、来訪者
☐☐☐	warranty	可·不	保証、保証書

〔1〕形 かなりの(090) ／〔2〕動 (～のどちらかを)選ぶ(037) ／〔3〕形 連続した(092)

形 形容詞

☑☑☑	accountable	責任がある
☑☑☑	**additional**	**追加の、特別に余分の**
☑☑☑	common	共通の
☑☑☑	liable	法的責任がある
☑☑☑	**long-term**	**長期の**
☑☑☑	**mutual**	**相互の、共通の**
☑☑☑	reactive	(化)反応しやすい、反応型の
☑☑☑	**regular**	**定期的な、通常の**
☑☑☑	**responsible**	**責任がある**
☑☑☑	**responsive**	**反応のよい、敏感な**
☑☑☑	shared	共通の
☑☑☑	**various**	**様々な、いろいろな**

副 副詞

☑☑☑	**immediately**	**即座に、すぐに**
☑☑☑	**mutually**	**相互に、互いに**
☑☑☑	reciprocally	相互に

全部で45語！

Unit 2 単語テスト

単語テースト！　これまでに覚えた単語が定着しているか確認だ。3つのレベルに挑戦してもらうぞー！　Here we go!
【答え→p.379】

326

LEVEL 1

まずは必須の見出し語を確認。音声を聞いて、その単語のスペル、品詞、意味、言い換え語を書いてみよう。1項目10TP、全部書けたら40TPだ！

1
スペル ………… 品詞 …………
意　味 …………
言い換え ………… TP

2
スペル ………… 品詞 …………
意　味 …………
言い換え ………… TP

3
スペル ………… 品詞 …………
意　味 …………
言い換え ………… TP

4
スペル ………… 品詞 …………
意　味 …………
言い換え ………… TP

5
スペル ………… 品詞 …………
意　味 …………
言い換え ………… TP

327

LEVEL 2

次は関連語を確認。音声を聞いて、その単語のスペル、品詞、意味、言い換え語を書いてみよう。1項目10TP、全部書けたら40TPだ！

6

スペル　品詞

意　味

言い換え　TP

7

スペル　品詞

意　味

言い換え　TP

8

スペル　品詞

意　味

言い換え　TP

328

LEVEL 3

LEVEL 3はTOEIC例文とBASIC例文に登場したTOEIC頻出単語（通称デル単）だ。音声を聞いて、その単語のスペル、品詞、意味を書いてみよう。1項目10TP、全部書けたら30TP獲得！

9

スペル　品詞

意　味　TP

10

スペル　品詞

意　味　TP

TOTAL　TP

TOEIC L&Rテスト形式問題！

Unit 2で学んだ英単語の語義や使い方を問う、TOEIC L&Rテスト形式の問題に挑戦！　1問50TP、全問正解で150TPだ！ 【答え→p.380】

1. There is a ------- between the two language versions of the toaster's user manual.

(A) necessity
(B) contradiction
(C) registration
(D) sufficiency

2. Company policy recommends that IT staff ------- maintenance on the computer server once a month.

(A) performance
(B) performer
(C) perform
(D) performing

3. The board of directors took a week to consider the ------- before deciding to change the company's name.

(A) consequences
(B) unifications
(C) supervisions
(D) representations

使ってみよう！

単語の意味を覚えたら、自分でも使えるようになって一人前！　こんな意味のこと、言えるかな？　構造例は「７つの文の形」(p.52)、使う単語はそれぞれの「単語カード」を参考にして取り組もう！　１問につき50TPだよ！

【答え→p.381】

1 彼が私たちの共通の友達だったとは知らなかった。

構造例：〔S+V+O〕＋〔S+V+C〕　使う単語：形 mutual

「知らなかった」のは…… 「私」だね。主語から始めましょ。そして「知らなかった」内容はthat節で！

2 その公演を見てから、ボスは急に人の話を聞くようになった。

構造例：〔S+V+C（be 動詞以外 become）〕

使う単語：名 performance　形 responsive

さて、“performance”はいいとして、“responsive”をどこでどう使うか？　答えが出る前に英語順で走り出そう！

3 目撃者の証言のさまざまな矛盾は、未解決のままとなった。

構造例：〔S+V+C（be 動詞以外 remain）〕　使う単語：名 contradiction

だれかこの事件を解決してあげて！　いや、その前にこのお題の解決が先だ！　「未解決な」に“unsolved”を授けよう！

TP

Results

Unit 2の獲得 TP を記録しておこう。何 TP 取れたかな？

	1回目	2回目	3回目
POP QUIZ	/ 90 TP	/ 90 TP	/ 90 TP
単語テスト	/ 380 TP	/ 380 TP	/ 380 TP
TOEIC形式問題	/ 150 TP	/ 150 TP	/ 150 TP
使ってみよう!	/ 150 TP	/ 150 TP	/ 150 TP
TOTAL	/ 770 TP	/ 770 TP	/ 770 TP

productive

900
800
650
500
350

【prədʌ́ktiv】形 生産的な

profitable, fruitful

TOEIC

The meeting was very **productive**.
ミーティングはとても生産的だった。

BASIC

He's not really a **productive** person.
彼はあまり生産的な人間ではない。

ええ言葉や、「生産的な」。みんなも "productive" にいこうっ！

元 **product** goods, merchandise
名可 製品

派 **production** manufacture, creation
名不 製造、生産

派 **productivity** output, efficiency
名不 生産性　生産力

〔1〕動 individualize ／〔2〕形 enthusiastic ／〔3〕名 adoption

332

082

acknowledge

900
800
650
500
350

【əknɑ́lidʒ】動 他 ～を認める、～を承認する

accept, recognize

TOEIC

Please **acknowledge** your receipt of product
受け取ったこと をお知らせください／ ご注文の製品を／

by sending an e-mail.
メールを送ることで。

BASIC

You don't have to stop and chat but you should at
立ち止まってお喋りする必要はない／ でも、挨拶 くらいはするべき

least **acknowledge** her.
だ／ 彼女に。

"acknowledge one's receipt of ～"で、「～を受け取ったことを知らせる」これ大事！ 覚えてね！

〔1〕動 ～の個性を際立たせる(027) ／
〔2〕形 熱狂的な(009) ／〔3〕名 採用(105)

333

083

associate

900
800
650
500
350

【əsóuʃièit】動 他 ～を関係させる

connect, relate

TOEIC

You must come up with a password
あなたは思いつかなければならない／パスワードを／

that isn't easily associated with you.
簡単に関連づけられない／ あなたと。

BASIC

I associate this weather with summer vacations
私は連想する／ この天気から夏休みを／

when I was young.
私が若かったころの。

BASIC例文の"associate A with B"「AからBを連想する」って表現シブいね～。

別 **associate** coworker, colleague
名可 仲間、同僚

派 **association** community, alliance
名可 協会、組合、団体

"sales associate"で「販売員、店員さん」やで。

関連語

Pop Quiz

〔1〕動 implement ／〔2〕前 regarding ／〔3〕動 dedicate

334

084

concern

900
800
650
500
350

【kənsə́ːrn】動 他 ～を心配させる、～に関心をもたせる

worry, bother

TOEIC

We are just **concerned** about the unrealistic price of the land.

私たちは心配なだけです／ 非現実的な土地の値段について。

BASIC

Fame and fortune don't **concern** me at all. NOT.

名声と富は関心をもたせない／ 私に／ まったく。うっそでーす。

"be concerned about ～"「～に関して心配だ」の使い方を覚えよう！

別 **concern** worry, anxiety

名 可 関心事 不 関心、心配、懸念

派 **concerning** about, regarding

前 ～に関して、～について

名詞は"about"と"for"の前置詞と相性が◎。

関連語

Pop Quiz Answer

〔1〕動 ～を実行する(063) ／〔2〕前 ～に関して(062) ／〔3〕動 (時間や労力)を捧げる(043)

085

itinerary

900
800
650
500
350

【aitínərèri】名 可 旅行日程(表)、旅行プラン

schedule, travel plan

Unit 1 Unit 2 Unit 3 Unit 4 Unit 5 Unit 6 Unit 7

TOEIC

According to the **itinerary**, you will be meeting
予定表によれば、／ あなたは会うことになっています／
Ms. Kitamura on Thursday.
北村さんと／ 木曜日に。

BASIC

This steak house should be on
このステーキハウスは／ 載っているべきだ／
every visitor's **itinerary**.
すべての訪問者の旅行プランに。

初めて見たり聞いたりするとビビるけど、よく出てくる単語なので、たくさん声に出して慣れちゃおう！

Pop Quiz

〔1〕名 voucher ／〔2〕副 reasonably ／〔3〕形 preliminary

Unit 3 語句一覧

UNIT 3で覚えた語句の一覧だよ。意味を覚えているか、確認してみよう！

動 動詞

	語句		意味
☐☐☐	accept	他	～を受け入れる、～を認める
☐☐☐	**acknowledge**	他	**～を認める、～を承認する**
☐☐☐	**associate**	他	**～を関係させる**
☐☐☐	bother	他	～を心配させる、～を困らせる
☐☐☐	chat	自	お喋りをする、談笑する
☐☐☐	come up with		～を見つける、～を考え出す
☐☐☐	**concern**	他	**～を心配させる、～に関心をもたせる**
☐☐☐	connect	他	～を関係させる
☐☐☐	recognize	他	～を認める
☐☐☐	relate	他	～を関係させる
☐☐☐	worry	他	～を心配させる、～を困らせる

名 名詞

	語句		意味
☐☐☐	alliance	可・不	同盟
☐☐☐	anxiety	不	心配
☐☐☐	associate	可	仲間、同僚
☐☐☐	association	可	協会、組合、団体
☐☐☐	colleague	可	同僚
☐☐☐	community	可	社会(集団)、地域社会の人々
☐☐☐	concern	可	関心事
☐☐☐	coworker	可	同僚
☐☐☐	creation	不	創造
☐☐☐	efficiency	不	能率
☐☐☐	fortune	可・不	富、財産
☐☐☐	goods		(通例複数扱い)商品
☐☐☐	**itinerary**	可	**旅行日程(表)、旅行プラン**
☐☐☐	manufacture	不	製造、生産
☐☐☐	merchandise	不	(集合的に)商品
☐☐☐	output	不	生産高
☐☐☐	password	可	パスワード
☐☐☐	product	可・不	製品、生産物
☐☐☐	production	不	製造、生産

〔1〕名 引換券(011) ／〔2〕副 適切に(086) ／〔3〕形 準備の

☑☑☑	productivity	不	生産性、生産力
☑☑☑	receipt	不	受領、領収
☑☑☑	schedule	可	予定(表)
☑☑☑	travel plan	可	旅行日程、旅行プラン
☑☑☑	vacation	可・不	休み、休暇
☑☑☑	visitor	可	訪問者、来訪者
☑☑☑	weather	不	天気、気候
☑☑☑	worry	不	心配

形 形容詞

☑☑☑	fruitful	実りの多い、有益な
☑☑☑	**productive**	**生産的な**
☑☑☑	profitable	利益をもたらす、有益な

副 副詞

☑☑☑	at least	せめて、ともかく

前 前置詞

☑☑☑	about	～に関して、～について
☑☑☑	according to ~	～によれば
☑☑☑	concerning	～に関して、～について
☑☑☑	regarding	～に関する、～について

Pop Quiz Total

TP

全部で46語!

Unit 3 単語テスト

単語テースト！　これまでに覚えた単語が定着しているか確認だ。3つのレベルに挑戦してもらうぞー！　Here we go!

【答え→p.382】

336

LEVEL 1

まずは必須の見出し語を確認。音声を聞いて、その単語のスペル、品詞、意味、言い換え語を書いてみよう。1項目10TP、全部書けたら40TPだ！

1
スペル ……………… 品詞 ………
意　味 ………………
言い換え ……………… TP

2
スペル ……………… 品詞 ………
意　味 ………………
言い換え ……………… TP

3
スペル ……………… 品詞 ………
意　味 ………………
言い換え ……………… TP

4
スペル ……………… 品詞 ………
意　味 ………………
言い換え ……………… TP

5
スペル ……………… 品詞 ………
意　味 ………………
言い換え ……………… TP

337

LEVEL 2

次は関連語を確認。音声を聞いて、その単語のスペル、品詞、意味、言い換え語を書いてみよう。1項目10TP、全部書けたら40TPだ！

6

スペル 品詞

意　味

言い換え TP

7

スペル 品詞

意　味

言い換え TP

8

スペル 品詞

意　味

言い換え TP

338

LEVEL 3

LEVEL 3はTOEIC例文とBASIC例文に登場したTOEIC頻出単語（通称デル単）だ。音声を聞いて、その単語のスペル、品詞、意味を書いてみよう。1項目10TP、全部書けたら30TP獲得！

9

スペル 品詞

意　味 TP

10

スペル 品詞

意　味 TP

TOTAL TP

TOEIC L&Rテスト形式問題！

Unit 3で学んだ英単語の語義や使い方を問う、TOEIC L&Rテスト形式の問題に挑戦！　1問50TP、全問正解で150TPだ！ 【答え→p.383】

1. According to the -------, the tour will visit Captain's Arms seafood restaurant for lunch.

(A) impression
(B) substance
(C) vacancy
(D) itinerary

2. Stanton is the most ------- of the company's three manufacturing plants.

(A) product
(B) productive
(C) production
(D) productively

3. Mr. Cho was ------- for his efforts to organize an annual art festival in Milwaukie.

(A) simulated
(B) responded
(C) acknowledged
(D) satisfied

使ってみよう！

単語の意味を覚えたら、自分でも使えるようになって一人前！　こんな意味のこと、言えるかな？　構造例は「７つの文の形」(p.66)、使う単語はそれぞれの「単語カード」を参考にして取り組もう！　１問につき50TPだよ！

【答え→p.384】

1 私は旅行日程表を受け取ったことを知らせた。

構造例：〔S+V+O〕　使う単語：動 acknowledge　名 itinerary

第５文型を使いたくなったら自由の翼を手に入れたようなもんだ！　しかしここはあえて見出し語を使い、第３文型で挑戦！

2 もっと生産的なこと言えよ。

構造例：〔S+V+O〕　使う単語：形 productive

命令文でしょうな。つまり動詞の原形から。しかしここはあえてそれ以上のことは言わないっ！　乗り越えてみせよ！

3 子供は病院から注射や薬を連想するものです。

構造例：〔S+V+O〕　使う単語：動 associate

おや？　“associate”の用法でちょうどいいものがあったような…？

TP

Cycle 3　Unit 3

Results

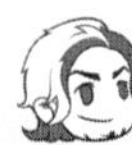

Unit 3の獲得 Tp を記録しておこう。何 Tp 取れたかな？

	1回目	2回目	3回目
POP QUIZ	/ 90 Tp	/ 90 Tp	/ 90 Tp
単語テスト	/ 380 Tp	/ 380 Tp	/ 380 Tp
TOEIC 形式問題	/ 150 Tp	/ 150 Tp	/ 150 Tp
使ってみよう!	/ 150 Tp	/ 150 Tp	/ 150 Tp
TOTAL	/ 770 Tp	/ 770 Tp	/ 770 Tp

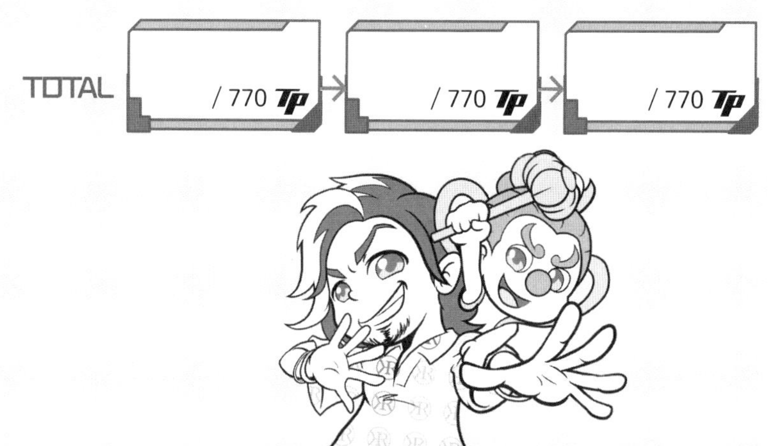

341

086 **reasonable** 900 800 650 500 350

【rí:zənəbl】形（価格が）手頃な、妥当な

affordable, competitive

TOEIC

We offer top quality products
私たちは提供しています／最高品質の製品を／

at **reasonable** prices.
お手頃価格で。

BASIC

I think the price is **reasonable** for this quantity.
私は思う／値段はお手頃だと／この量にしては。

言い換えに "inexpensive" も捨てがたい。
"competitive" は「競争力のある」からきてるよ。

派 **reasonably** properly, appropriately
副 適切に

言い換えに "suitably" とか
"adequately" とかもあるで。

関連語

Pop Quiz

〔1〕形 prominent ／〔2〕動 evacuate ／〔3〕動 entitle

342

087

assign

900
800
650
500
350

【əsáin】動 他 ～を割り当てる、～を任命する

allocate, allot

TOEIC

Susan was **assigned**
スーザンは任命された／

to the overseas sales department a month ago.
海外販売部に／　　1カ月前に。

BASIC

You can't choose your seat;
席は選べません／

it's **assigned** automatically.
それは割り当てられます／自動的に。

"assign A to 人"の使い方を覚えよう。
O_1が代名詞の場合はSVO_1O_2の形も好まれる。

派 **assignment** **task, job**
名 可 割り当てられた仕事、課題　不 割り当て、指定

"on (an) assignment"で「任務についている」。

関連語

Pop Quiz Answer

〔1〕形 卓越した(038) ／〔2〕動 ～から避難する(095) ／〔3〕動 ～に資格を与える(096)

TP

343

088

revenue

900
800
650
500
350

【révənjùː】名 可（会社の）総収益　不 収入

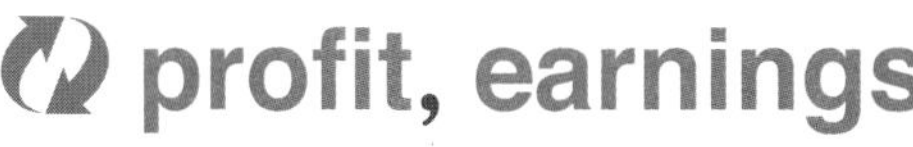

profit, earnings

TOEIC

The company's estimated sales **revenue** is
その会社の予測された売り上げの総収入は／

over 50 billion dollars.
500億ドル以上です。

BASIC

Did you know that it's financed
知ってた／　これが支払われているって／

out of tax **revenues**?
税収から。

"tax revenues" で「税収」。なんと +s で単扱いです。

〔1〕形 adequate ／〔2〕名 contradiction ／〔3〕形 optimistic

344

089

durable

900
800
650
500
350

【djúərəbl】形 丈夫な、長持ちする

long-lasting, strong

TOEIC

This chair is so **durable**
この椅子はすごく丈夫なので／
that an elephant could comfortably sit on it.
象でも楽々座ることができる。

BASIC

The battery was not as **durable** as I thought.
この電池は長持ちするものではなかった／ 私が思ったほど。

"a durable friendship" というと、おれとたんごくんみたいだ！

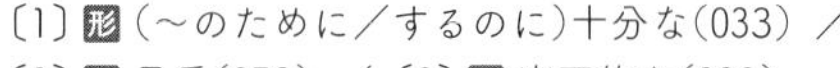
〔1〕形（～のために／するのに）十分な（033）／
〔2〕名 矛盾（078）／〔3〕形 楽天的な（023）

345

090

substantial

900
800
650
500
350

【səbstǽnʃəl】形 かなりの、相当な

significant, considerable

TOEIC

You can receive **substantial** savings
あなたは受け取ることができる／大きな 節約を／

with a gold membership.
ゴールド会員権で。

BASIC

That's a **substantial** amount of money
それはすごい 額のお金だよ／

we're talking about.
おれたちが話しているのは。

「物質」という意味の名詞"substance"が元だから、「実質的な」的なニュアンス。

派 **substantially** significantly, considerably

副 相当に、かなり、大幅に

元 **substance** material, thing

名 物質、物

副詞も、言い換え含めて全部大事っ！

関連語

Pop Quiz

〔1〕名 grant ／〔2〕動 accommodate ／〔3〕動 fluctuate

Unit 4 語句一覧

UNIT 4で覚えた語句の一覧だよ。意味を覚えているか、確認してみよう！

動 動詞

	語句	品詞	意味
□□□	allocate	他	～を割り当てる、～を取っておく
□□□	allot	他	～を割り当てる
□□□	**assign**	他	**～を割り当てる、～を任命する**
□□□	estimate	他	～だと推定する、～と見積もる
□□□	finance	他	～を融資する
□□□	offer	他	～を提供する、～を申し出る
□□□	receive	他	～を受け取る、～を受領する

名 名詞

	語句	品詞	意味
□□□	amount	可・不	ある量、ある額
□□□	assignment	可	割り当てられた仕事、課題
□□□	battery	可	電池、バッテリー
□□□	billion	可	10億
□□□	department	可	部門、部
□□□	earnings	複	収入、所得、給料、賃金
□□□	job	可	仕事
□□□	material	可・不	物質、材料
□□□	membership	可・不	会員の身分
□□□	product	可・不	製品、生産物
□□□	profit	可・不	利益
□□□	quality	可・不	質、性質
□□□	quantity	可・不	量、分量
□□□	**revenue**	可	**（通常複数形で）（会社の）総利益**
□□□	saving	可・不	節約、倹約
□□□	substance		物質、物
□□□	task	可	任務
□□□	tax	可・不	税金
□□□	thing	可	物

〔1〕名 助成金（020）／〔2〕動 ～を収容する／できる（056）／〔3〕動 変動する（060）

形 形容詞

☑☑☑	affordable	(価格が)手頃な
☑☑☑	competitive	競争力のある、安価な
☑☑☑	considerable	かなりの、相当な
☑☑☑	**durable**	**丈夫な、長持ちする**
☑☑☑	long-lasting	長持ちする、長続きする
☑☑☑	overseas	海外の、外国への
☑☑☑	**reasonable**	**手頃な**
☑☑☑	significant	かなりの
☑☑☑	strong	丈夫な、強い
☑☑☑	**substantial**	**かなりの、相当な**

副 副詞

☑☑☑	appropriately	ふさわしく、適切に
☑☑☑	automatically	自動的に、機械的に
☑☑☑	comfortably	心地よく、気楽に
☑☑☑	considerably	かなり
☑☑☑	properly	ふさわしく、きちんと
☑☑☑	reasonably	適切に
☑☑☑	significantly	かなり
☑☑☑	substantially	相当に、かなり、大幅に

Tp

全部で44語!

Unit 4 単語テスト

単語テースト！　これまでに覚えた単語が定着しているか確認だ。3つのレベルに挑戦してもらうぞー！　Here we go!
【答え→p.385】

346

LEVEL 1

まずは必須の見出し語を確認。音声を聞いて、その単語のスペル、品詞、意味、言い換え語を書いてみよう。1項目10TP、全部書けたら40TPだ！

1
スペル …………　品詞 …………
意　味 …………
言い換え …………　TP

2
スペル …………　品詞 …………
意　味 …………
言い換え …………　TP

3
スペル …………　品詞 …………
意　味 …………
言い換え …………　TP

4
スペル …………　品詞 …………
意　味 …………
言い換え …………　TP

5
スペル …………　品詞 …………
意　味 …………
言い換え …………　TP

347

LEVEL 2

次は関連語を確認。音声を聞いて、その単語のスペル、品詞、意味、言い換え語を書いてみよう。1項目10TP、全部書けたら40TPだ！

6

スペル 品詞

意　味

言い換え TP

7

スペル 品詞

意　味

言い換え TP

8

スペル 品詞

意　味

言い換え TP

348

LEVEL 3

LEVEL 3はTOEIC例文とBASIC例文に登場したTOEIC頻出単語（通称デル単）だ。音声を聞いて、その単語のスペル、品詞、意味を書いてみよう。1項目10TP、全部書けたら30TP獲得！

9

スペル 品詞

意　味 TP

10

スペル 品詞

意　味 TP

TOTAL TP

TOEIC L&Rテスト形式問題！

Unit 4で学んだ英単語の語義や使い方を問う、TOEIC L&Rテスト形式の問題に挑戦！　1問50TP、全問正解で150TPだ！
【答え→p.386】

1. Marineline boat engines are more ------- than any other engines on the market.

(A) durable
(B) previous
(C) additional
(D) fictional

2. Each service technician is ------- a set of tools, which they keep in their vehicles.

(A) urged
(B) respected
(C) assigned
(D) summarized

3. Hotel Vancouver is known for its ------- rates and modern facilities.

(A) reasonable
(B) reason
(C) reasoning
(D) reasonably

使ってみよう！

単語の意味を覚えたら、自分でも使えるようになって一人前！　こんな意味のこと、言えるかな？　構造例は「７つの文の形」(p.80)、使う単語はそれぞれの「単語カード」を参考にして取り組もう！　１問につき50TPだよ！

【答え→p.387】

1 

次はもっと丈夫な椅子をお手頃な値段で探してきて。

構造例：〔S+V+O+O〕　使う単語：形 reasonable　形 durable

えらそーに。えらそーだから〜……命令文っ！　適切な第４文型の動詞の原形から始めようっ！　命令文だから、ちょっと注意！

2 

上司が私に向こう三カ月めちゃくちゃ簡単な仕事を割り当てたので、ヒマな時間はたっぷりとある。

構造例：〔S+V+O+O〕＋〔S+V+O〕　使う単語：形 substantial　動 assign

よっしゃ、いかにも第４文型な雰囲気だ！　根幹に関わる部分じゃないけど、期間を表す前置詞は“for”だよ！

3

その団体は児童病院にチケット販売から得た利益の70パーセントを送った。

構造例：〔S+V+O+O〕　使う単語：名 revenue

「団体」は“association”がよさそうだけど、“group”でもいいぞ！　知ってる表現で勝負！　第４文型をまっすぐ進め！

Results

Unit 4の獲得 TP を記録しておこう。何 TP 取れたかな？

	1回目	2回目	3回目
POP QUIZ	/ 90 TP	/ 90 TP	/ 90 TP
単語テスト	/ 380 TP	/ 380 TP	/ 380 TP
TOEIC形式問題	/ 150 TP	/ 150 TP	/ 150 TP
使ってみよう!	/ 150 TP	/ 150 TP	/ 150 TP
TOTAL	/ 770 TP	/ 770 TP	/ 770 TP

351

091

benefit

900
800
650
500
350

【bénəfit】動 他 ～のためになる、～に利益をもたらす

be advantageous to, profit

TOEIC

Subscribing to the service could benefit
サービスへの加入は利益をもたらす／
many aspects of users' daily life.
多くの側面に／ 利用者の日々の生活の。

BASIC

Using this technique would benefit all test takers.
このテクニックを使うことは役に立つ／ すべての受験者の。

自動詞もあって、"from ～"とセットで、「～から利益を得る」という風に使うよ。

派 **beneficial** helpful, advantageous
形 有益な

別 **benefit** merit, advantage
名 可 不 利点、福利厚生

だー、関連語も全部超大事っ！

関連語

〔1〕動 encourage ／〔2〕形 durable ／〔3〕形 persuasive

 352

092

consecutive

900
800
650
500
350

【kənsékjutiv】形 連続した、引き続く

successive, continuous

TOEIC

Our revenue fell in three **consecutive** months.
我々の収入は落ち込んだ／ 3カ月連続で。

BASIC

I got strikes in three **consecutive** frames,
私は取った／ストライクを／3回連続で／
and that's a turkey.
でそれはターキーだ。

いやーおれはターキー取ったことないな！

派 **consecutively** in a row, continuously
副 連続して

"in a row"は「横一列に」という意味も大事！

関連語

Pop Quiz Answer

〔1〕動 (人)に～するよう勧める(034) ／
〔2〕形 丈夫な(089) ／〔3〕形 説得力のある(104)

093

approximate

900
800
650
500
350

【əprάksəmət】形 おおよその、大体の

rough, estimated

TOEIC

I need the number of attendees.
数が必要だ／ 出席者の。／

An approximate head count will do.
おおよその頭数でいい。

BASIC

I can only guess her approximate age.
私は推測することしかできない／彼女の大体の年齢を。

これさらっと使えちゃうとすっごい知的。メガネいらず！

派 **approximately** about, roughly

副 おおよそ、約

この副詞も積極的に使ってみよう！

関連語

Unit 1
Unit 2
Unit 3
Unit 4
Unit 5
Unit 6
Unit 7

〔1〕名 itinerary ／〔2〕動 vacate ／〔3〕名 evaluation

354

094

division

900
800
650
500
350

【divíʒən】名 可 区分、部門、部署、課

department, section

TOEIC

Could you connect me to Ms. Perez
繋いでもらってもいいですか／私を／ペレッズさんに／

in the overseas sales **division** please?
海外販売部の？

BASIC

I'm sorry but she has been transferred
申し訳ありません／ しかし彼女は移動してしまいました／

to a different **division**.
別の部に。

「部署」っていうより「ディビィジョン」って言ったほうがエリート集団っぽさが出る謎。

Pop Quiz Answer 〔1〕名 旅行日程(表)(085) ／ 〔2〕動 ～を空ける(095) ／〔3〕名 評価(057)

095

vacate

900
800
650
500
350

【véikeit】動 他 ～を空ける、～から立ち退く

leave, evacuate

TOEIC

Residents must **vacate** the premises
住民は立ち退かなければいけない／　敷地から／
on the day the lease of the apartment expires.
その日に／　　アパートの契約期間が切れる。

BASIC

I got two months' notice from my landlord
私は受け取った／２カ月前通知を／　家主から／
and have to **vacate** my room.
なので立ち退かなければならない／部屋を。

対義語は「占有する」の"occupy"。こちらも大事！

派 **vacant** empty, available
形 空いている、使用されていない

派 **vacancy** opening, space
名 可 空室

派 **vacation** break, leave
名 可 不 休暇、休日

〔1〕名 subsidy ／〔2〕動 acknowledge ／〔3〕形 relevant

Unit 5 語句一覧

UNIT 5で覚えた語句の一覧だよ。意味を覚えているか、確認してみよう！

動 動詞

☐☐☐	be advantageous to		～に有利である
☐☐☐	**benefit**	他	**～のためになる、～に利益をもたらす**
☐☐☐	connect	他	～を繋ぐ
☐☐☐	evacuate	他	～から避難する
☐☐☐	expire	自	期限が切れる
☐☐☐	leave	他	～を去る
☐☐☐	profit	他	～のためになる、～に役立つ
☐☐☐	subscribe	自	定期購読する
☐☐☐	transfer	他	～を移動（異動）させる
☐☐☐	**vacate**	他	**～を空ける、～から立ち退く**

名 名詞

☐☐☐	advantage	可・不	利点、長所
☐☐☐	aspect	可	側面、部分
☐☐☐	attendee	可	出席者、参加者
☐☐☐	benefit	可・不	利点、福利厚生
☐☐☐	break	可	休憩、小休止
☐☐☐	department	可	部門、部
☐☐☐	**division**	可	**区分、部門**
☐☐☐	landlord	可	家主、地主
☐☐☐	lease	不	借家（借地）契約
☐☐☐	leave	不	休暇
☐☐☐	merit	可	利点、長所
☐☐☐	notice	可・不	通知、通達
☐☐☐	opening	可	（地位などの）空き、欠員
☐☐☐	premise	可	（通常複数形で）敷地、不動産
☐☐☐	resident	可	住民、居住者
☐☐☐	revenue	可	（通常複数形で）（会社の）総利益
☐☐☐	section	可	部門、（市・町・村の）区画
☐☐☐	space	可	空間、隙間
☐☐☐	vacancy	可	空室
☐☐☐	vacation	可・不	休暇、休日

〔1〕名 助成金（020）／〔2〕形 ～を認める（082）／〔3〕形 関連がある（025）

形 形容詞

☑☑☑	advantageous	有利な
☑☑☑	**approximate**	**おおよその、大体の**
☑☑☑	available	利用できる
☑☑☑	beneficial	有益な、助けになる
☑☑☑	**consecutive**	**連続した、引き続く**
☑☑☑	continuous	連続した
☑☑☑	empty	空いている
☑☑☑	estimated	おおよその、大体の
☑☑☑	helpful	有益な
☑☑☑	overseas	海外の、外国への
☑☑☑	rough	おおよその、大体の
☑☑☑	successive	連続した、引き続く
☑☑☑	vacant	空いている、使用されていない

副 副詞

☑☑☑	about	おおよそ、約
☑☑☑	approximately	おおよそ、約
☑☑☑	consecutively	連続して
☑☑☑	continuously	連続して
☑☑☑	in a row	連続して
☑☑☑	roughly	おおよそ、約

Tp

全部で49語！

Unit 5 単語テスト

単語テスト！　これまでに覚えた単語が定着しているか確認だ。3つのレベルに挑戦してもらうぞー！　Here we go!
【答え→p.388】

356

まずは必須の見出し語を確認。音声を聞いて、その単語のスペル、品詞、意味、言い換え語を書いてみよう。1項目10TP、全部書けたら40TPだ！

1
スペル ________ 品詞 ________
意　味 ________
言い換え ________ TP

2
スペル ________ 品詞 ________
意　味 ________
言い換え ________ TP

3
スペル ________ 品詞 ________
意　味 ________
言い換え ________ TP

4
スペル ________ 品詞 ________
意　味 ________
言い換え ________ TP

5
スペル ________ 品詞 ________
意　味 ________
言い換え ________ TP

357

LEVEL 2

次は関連語を確認。音声を聞いて、その単語のスペル、品詞、意味、言い換え語を書いてみよう。1項目10TP、全部書けたら40TPだ！

6

スペル　品詞

意　味

言い換え　TP

7

スペル　品詞

意　味

言い換え　TP

8

スペル　品詞

意　味

言い換え　TP

358

LEVEL 3

LEVEL 3はTOEIC例文とBASIC例文に登場したTOEIC頻出単語（通称デル単）だ。音声を聞いて、その単語のスペル、品詞、意味を書いてみよう。1項目10TP、全部書けたら30TP獲得！

9

スペル　品詞

意　味　TP

10

スペル　品詞

意　味　TP

TOTAL　TP

TOEIC L&Rテスト形式問題！

Unit 5で学んだ英単語の語義や使い方を問う、TOEIC L&Rテスト形式の問題に挑戦！　1問50TP、全問正解で150TPだ！ 【答え→p.389】

1. Miles Goodall has won the employee-of-the-year award for three ------- years.

(A) respective
(B) consecutive
(C) convenient
(D) adequate

2. It is important that customers understand the ------- of upgrading to the latest model.

(A) benefit
(B) beneficial
(C) beneficially
(D) benefited

3. It will take ------- two years to complete construction of a new bridge over the Gudgeon River.

(A) approximation
(B) approximate
(C) approximately
(D) approximating

使ってみよう！

単語の意味を覚えたら、自分でも使えるようになって一人前！　こんな意味のこと、言えるかな？　構造例は「７つの文の形」(p.94)、使う単語はそれぞれの「単語カード」を参考にして取り組もう！　１問につき50TPだよ！

【答え→p.390】

1 連続した飲み会で疲れた。

構造例：〔S+V+O+C〕　使う単語：形 consecutive

ここはあえて第５文型でいっときたいとなると、"I"から始められない！"I"なき世界で主語はどうなる!?

2 適任者を見つけられなかったので、ポジションを空のままにしておいた。

構造例：〔S+V+O〕＋〔S+V+O+C〕　使う単語：名 division　形 vacant

今回は"I"があるんじゃないか？"I"を取り戻せ！そして、OをCのままにしておくということは？

3 私は研修にかかるおおよその費用がお手頃だと考え、部署に利益をもたらすと確信した。

構造例：〔S+V+O+C〕＋〔S+V+O〕　使う単語：動 benefit

"I"は考えるOがCだと。さあ！　どんな動詞がいいでしょう？　正解は……熟考のあとでっ！

Results

Unit 5の獲得 TP を記録しておこう。何 TP 取れたかな？

	1回目	2回目	3回目
POP QUIZ	/ 90 TP	/ 90 TP	/ 90 TP
単語テスト	/ 380 TP	/ 380 TP	/ 380 TP
TOEIC形式問題	/ 150 TP	/ 150 TP	/ 150 TP
使ってみよう!	/ 150 TP	/ 150 TP	/ 150 TP
TOTAL	/ 770 TP	/ 770 TP	/ 770 TP

361

096

entitle

900
800
650
500
350

【intáitl】動 他 〜に資格/権利を与える

qualify, authorize

TOEIC

This coupon **entitles** you to a free dinner
このクーポンは権利を差し上げます／あなたに／無料のお食事の／
at any of our restaurants.
私たちのどのレストランででも。

BASIC

I think I'm **entitled** to first choice
私は思います／私には最初に選ぶ 権利があると／
because I got here first.
先に来たので。

"be entitled to 〜"と、"be entitled to do"の使い方をきっちりおさえておこう！

〔1〕副 respectively ／〔2〕動 encounter ／〔3〕動 alter

097

eligible

900
800
650
500
350

【élidʒəbl】形 ふさわしい、資格のある

qualified, suitable

TOEIC

People who have lost their jobs are **eligible**
職を失った人は受ける資格がある／

for unemployment benefits.
失業 手当に対して。

BASIC

Now that I'm a citizen, I'm **eligible** to vote.
今や私は市民なので、／ 私には資格がある／投票する。

"be eligible for ～"と"be entitled to ～"が言い換えられるから、セットで覚えるようにね！

㊥ **eligibility**  **qualification, ability**

名 不 適任(性)、適格(性)

"for ～"で繋いで使おう！

〔1〕副 それぞれ(098) ／〔2〕動 ～に出合う(101) ／
〔3〕動 ～を変える(048)

TP

098 **respectively**

900
800
650
500
350

【rispéktivli】副 それぞれ、各々

each, individually

TOEIC

Lenses are placed on the front and back of
レンズは取り付けられている／ 前面と背面に／

the cellphone, **respectively**.
携帯電話の／ それぞれ。

BASIC

The twins weighed 2,400 and 2,600 grams,
その双子は重さがあった／ 2400と2600グラム、／

respectively.
それぞれ。

使い方！ 前にカンマを付けて文末にドン！ 以上！

〔1〕動 emphasize ／〔2〕形 approximate ／〔3〕名 avoidance

364

099

defect

900
800
650
500
350

【díːfekt】名 可 欠陥、不具合

flaw, malfunction

TOEIC

We've found **defects** in some of the appliances
私たちは見つけた／欠陥を／いくつかの機器に／

that were delivered.
配達された。

BASIC

There seems to be a **defect** in this app.
不具合があるようだ／　このアプリには。

言い換えの"flaw"は「欠陥」。ってことで"flawless"は"perfect"って意味だ！

派 **defective** faulty, broken
形 欠陥のある、不完全な

機械や製品に対して使うで。

〔1〕動 ～を強調する(021) ／
〔2〕形 おおよその(093) ／〔3〕名 避けること(067)

100

assemble

900 800 650 500 350

【əsémbl】動 他 ～を集める、～を組み立てる 自 集まる

gather, build

TOEIC

We will **assemble** a committee on the 18th
私たちは招集します／ 委員会を／ 18日に／

and discuss the matter.
そして話し合います／そのことを。

BASIC

I used to **assemble** plastic models of Gundam
私はよく組み立てていた／ ガンダムのプラモデルを／

when I was a kid.
私が子どものころ。

「～を集める」でも「～を組み立てる」でもどちらの意味でもよく出てくる。

派 **assembly** gathering, meeting

名 可 不 集まり、集会 不 組み立て

"assembly line"で「組み立てライン」。Part 1頻出。

〔1〕名 conversion ／〔2〕名 malfunction ／〔3〕動 evaluate

Unit 6 語句一覧

UNIT 6で覚えた語句の一覧だよ。意味を覚えているか、確認してみよう！

動 動詞

語句	品詞	意味
assemble	他	**～を集める、～を組み立てる**
authorize	他	～に権限を与える
build	他	～を集める、～を収集する
deliver	他	～を配達する、～を届ける
discuss	他	～について話し合う
entitle	他	**～に資格を与える、～に権利を与える**
gather	他	～を集める
qualify	他	～に資格を与える
vote	自	投票する
weigh	自	重さが～である

名 名詞

語句	品詞	意味
ability	可・不	能力
appliance	可	機器、器具
assembly	可・不	集まり、集会、組み立て
benefit	不	手当、給付金
cellphone	可	携帯電話
choice	可・不	選択、選ぶこと
citizen	可	市民、住民
committee	可	（集合的に）委員会
coupon	可	クーポン、優待券
defect	可	**欠陥、不具合**
eligibility	不	適任（性）、適格（性）
flaw	可	欠陥、不備
gathering	可	集会
malfunction	可・不	（機械などの）不調
meeting	可	会議
qualification	可	（通常複数形で、複数扱い）適性、資格
unemployment	不	失業（状態）、失業率

〔1〕名 変換（013）／〔2〕名（機械などの）不調（099）／〔3〕動 ～を評価する（057）

形 形容詞

☑☑☑	broken	故障した、壊れた
☑☑☑	defective	**欠陥のある、不完全な**
☑☑☑	**eligible**	**ふさわしい、資格のある**
☑☑☑	faulty	欠陥のある
☑☑☑	qualified	ふさわしい、資格のある
☑☑☑	suitable	適した、ふさわしい

副 副詞

☑☑☑	each	それぞれ、各々
☑☑☑	individually	それぞれ、各々
☑☑☑	**respectively**	**それぞれ、各々**

全部で36語！

Unit 6 単語テスト

単語テスト！　これまでに覚えた単語が定着しているか確認だ。3つのレベルに挑戦してもらうぞー！　Here we go!
【答え→p.391】

LEVEL 1

まずは必須の見出し語を確認。音声を聞いて、その単語のスペル、品詞、意味、言い換え語を書いてみよう。1項目10TP、全部書けたら40TPだ！

1
スペル ……… 品詞 ………
意　味 ………
言い換え ……… TP

2
スペル ……… 品詞 ………
意　味 ………
言い換え ……… TP

3
スペル ……… 品詞 ………
意　味 ………
言い換え ……… TP

4
スペル ……… 品詞 ………
意　味 ………
言い換え ……… TP

5
スペル ……… 品詞 ………
意　味 ………
言い換え ……… TP

367

LEVEL 2

次は関連語を確認。音声を聞いて、その単語のスペル、品詞、意味、言い換え語を書いてみよう。1項目10TP、全部書けたら40TPだ！

6

スペル ……………… 品詞 ………

意　味 ………………

言い換え ……………… TP

スペル ……………… 品詞 ………

意　味 ………………

言い換え ……………… TP

8

スペル ……………… 品詞 ………

意　味 ………………

言い換え ……………… TP

368

LEVEL 3

LEVEL 3はTOEIC例文とBASIC例文に登場したTOEIC頻出単語（通称デル単）だ。音声を聞いて、その単語のスペル、品詞、意味を書いてみよう。1項目10TP、全部書けたら30TP獲得！

スペル ……………… 品詞 ………

意　味 ……………… TP

スペル ……………… 品詞 ………

意　味 ……………… TP

TOTAL TP

TOEIC L&Rテスト形式問題！

Unit 6で学んだ英単語の語義や使い方を問う、TOEIC L＆Rテスト形式の問題に挑戦！　1問50TP、全問正解で150TPだ！
【答え→p.392】

1. Any piece of Tullox furniture can be ------- in under 20 minutes.

(A) assembled
(B) assembly
(C) assembling
(D) assemble

2. Room A and Room B have enough seats for 100 and 150 people, -------.

(A) respectively
(B) anonymously
(C) significantly
(D) greatly

3. Carmen Car Rental has heavily discounted rates for ------- drivers.

(A) eventual
(B) formal
(C) pleasurable
(D) eligible

使ってみよう！

単語の意味を覚えたら、自分でも使えるようになって一人前！　こんな意味のこと、言えるかな？　構造例は「７つの文の形」(p.108)、使う単語はそれぞれの「単語カード」を参考にして取り組もう！　１問につき50TPだよ！

【答え→p.393】

1

クーポン券が客に無料ドリンクの権利を与えることに気づいた。

構造例：〔S+V+O+C〕　使う単語：動 entitle

慌てずさわがず「家政婦は見た！」みたいなノリで始めよう。「私は気づいた！」からのＯＣだ！

2

私たちは工場で最先端の機械が車を組み立てているのを見学した。

構造例：〔S+V+O+C〕　使う単語：動 assemble

SVOCで気になるCの部分は“make”でも“build”でもいいんだけど、つまり“assemble”はここで使うってこと。

3

私は友人が欠陥のある商品を返品しているのを見た。

構造例：〔S+V+O+C〕　使う単語：名 defect

一番難しそうな「欠陥」の“defect”が明かされている！　がこれは名詞だからどううまく使うか？ Have fun!

TP

Results

Unit 6の獲得 TP を記録しておこう。何 TP 取れたかな？

	1回目	2回目	3回目
POP QUIZ	/ 90 TP	/ 90 TP	/ 90 TP
単語テスト	/ 380 TP	/ 380 TP	/ 380 TP
TOEIC形式問題	/ 150 TP	/ 150 TP	/ 150 TP
使ってみよう!	/ 150 TP	/ 150 TP	/ 150 TP
TOTAL	/ 770 TP	/ 770 TP	/ 770 TP

371

101

encounter

900
800
650
500
350

【inkáuntər】動 他 〜に出合う、〜に出くわす

face, run into

TOEIC

I have never encountered a problem dealing with this vendor.
私は出くわしたことがない／問題に／取引していて／この業者と。

BASIC

You haven't encountered any difficulties so far, have you?
あなたは直面したことがない／困難に／今までに／でしょう？

思いがけなく"meet"することなんですな。偶然な感じがこの単語でつかんでほしいニュアンス。

〔1〕形 complimentary ／〔2〕形 competitive ／〔3〕名 specification

372

102

personnel

900
800
650
500
350

【pəːrsənél】名 複 全職員 不 人事課、人事部

staff, employees

TOEIC

Our **personnel** are highly trained and very reliable.
私共の全職員は高度に訓練されており、／とても信頼できます。

BASIC

All **personnel** have been asked to participate
全従業員が参加することをお願いされている／
so I guess I should attend too.
なので私は思う／私も出席すべきだと。

複合名詞として"a personnel manager/department/office"もよく出てくるよ。

Pop Quiz Answer

〔1〕形 無料の(053)／〔2〕形 競争力のある(002)／
〔3〕名 明細事項(070)

103

audit

900
800
650
500
350

【ɔ́ːdit】動 他 ～に会計検査をする、～を監査する

TOEIC

We need to **audit** the books and find
私たちは監査しなければならない／帳簿を／そして探さなければならない／
where the waste is.
無駄がある場所を。

BASIC

I'll **audit** my accounts to make sure
私は確認する／私の口座を／　確かにするために／
there's no hanky-panky.
不正な取引がないことを。

言い換えに"inspect"も捨てがたい。ああ、捨てがたし。
言葉は無限の宇宙よのう。

名 可 会計検査（報告書）、監査（報告書）

名 可 会計監査官、監査人

〔1〕形 defective ／〔2〕形 eligible ／〔3〕動 reimburse

104

persuade

900
800
650
500
350

【pərswéid】動 他 ～を説得する、～を確信させる

TOEIC

Our demanding boss **persuaded** Steve
私たちの要望の多い上司は説得した／スティーブを／

to come up with a new plan.
新しい案を考えるようにと。

BASIC

I **persuaded** her to trust my honest advice.
私は説得した／彼女を／信じるように／私の素直なアドバイスを。

言い換えの"convince"と一緒覚えることが絶対です！
使い方は"persuade 人 to do"！

派 **persuasive** convincing
形 説得力のある、口のうまい

派 **persuasively** convincingly
副 説得的に、説得力をもって

派 **persuasion** encouragement
名 不 説得、説得すること、説得されること

〔1〕形 欠陥のある(099)／〔2〕形 ふさわしい(097)／
〔3〕動 ～を返済する(041)

105

adopt

900
800
650
500
350

【ədάpt】動 他 ～を採用する、～を導入する

TOEIC

The law that was **adopted** last month has resulted
先月導入された法律はもたらした／
in an increased workload for the managers.
増加した 仕事量を／ 管理職の人たちにとっての。

BASIC

I've made up my mind to **adopt** a new approach
私は決心した／ 採用することを／新しいやり方を／
and give it another shot.
そしてもう一度やってみることを。

目的語には"a new idea"、"a new law"、"a child"なんて自然。
a child!?

名 可 不 ①採用、選択、導入 ②養子縁組

"one's country of adoption"で「住む事にした国（＝自分の帰化した国）」！

〔1〕名 alteration ／〔2〕名 consequence

Unit 7 語句一覧

UNIT 7で覚えた語句の一覧だよ。意味を覚えているか、確認してみよう！

動 動詞

	語句		意味
☐☐☐	**adopt**	他	**～を採用する、～を導入する**
☐☐☐	attend	自	出席する、参列する
☐☐☐	**audit**	他	**～に会計検査をする、～を監査する**
☐☐☐	check	他	～を検査する、～を調べる
☐☐☐	choose	他	～を採用する、～を選出する
☐☐☐	come up with		～を見つける、～を考え出す
☐☐☐	convince	他	(人)に～するように説得する、～に納得させる
☐☐☐	deal	自	対処する、取引する
☐☐☐	**encounter**	他	**～に出合う、～に出くわす**
☐☐☐	examine	他	～を検査する
☐☐☐	face	他	～に直面する、～に面する
☐☐☐	increase	他	～を増やす、～を高める
☐☐☐	introduce	他	(法律・制度など)を取り入れる、～を導入する
☐☐☐	participate	自	(活動・行事などに)参加する
☐☐☐	**persuade**	他	**～を説得する、～を確信させる**
☐☐☐	result	自	結果として生じる、帰着する
☐☐☐	run into		～に偶然出合う
☐☐☐	talk into		説得して～させる
☐☐☐	train	他	～を訓練する
☐☐☐	trust	他	～を信用する

名 名詞

	語句		意味
☐☐☐	account	可	(預金)口座、勘定
☐☐☐	adoption	可・不	採用、選択、導入
☐☐☐	approach	可・不	接近方法、手がかり
☐☐☐	audit	可	会計検査(報告書)、監査(報告書)
☐☐☐	auditor	可	会計監査官、監査人
☐☐☐	difficulty	可・不	困難な点、難しさ
☐☐☐	employee	可	従業員、社員
☐☐☐	encouragement	不	激励

〔1〕名 変換(048) ／〔2〕名 結果(077)

☑☑☑	examination	可	試験、検査
☑☑☑	inspector	可	監査官、検査官
☑☑☑	introduction	不	導入
☑☑☑	**personnel**	複	**全職員**
☑☑☑	persuasion	不	説得、説得すること、説得されること
☑☑☑	selection	不	選択
☑☑☑	staff	可	(集合的に、通例単数形)(全)職員
☑☑☑	vendor	可	納入業者、売り手
☑☑☑	waste	不	浪費、無駄遣い
☑☑☑	workload	可	仕事量

形 形容詞

☑☑☑	convincing	説得力のある
☑☑☑	demanding	あまりに多くを要求する
☑☑☑	persuasive	説得力のある、口のうまい
☑☑☑	reliable	信頼できる、頼りになる

副 副詞

☑☑☑	convincingly	説得力をもって
☑☑☑	highly	高度に、高価に
☑☑☑	persuasively	説得的に、説得力をもって
☑☑☑	so far	今までのところ、これまでは

TP

全部で46語!

Unit 7 単語テスト

単語テースト！　これまでに覚えた単語が定着しているか確認だ。3つのレベルに挑戦してもらうぞー！　Here we go!
【答え→p.394】

376

LEVEL 1

まずは必須の見出し語を確認。音声を聞いて、その単語のスペル、品詞、意味、言い換え語を書いてみよう。1項目10TP、全部書けたら40TPだ！

1
スペル　品詞
意　味
言い換え
TP

2
スペル　品詞
意　味
言い換え
TP

3
スペル　品詞
意　味
言い換え
TP

4
スペル　品詞
意　味
言い換え
TP

5
スペル　品詞
意　味
言い換え
TP

377

LEVEL 2

次は関連語を確認。音声を聞いて、その単語のスペル、品詞、意味、言い換え語を書いてみよう。1項目10TP、全部書けたら40TPだ！

6

スペル 品詞

意　味

言い換え TP

7

スペル 品詞

意　味

言い換え TP

8

スペル 品詞

意　味

言い換え TP

378

LEVEL 3

LEVEL 3はTOEIC例文とBASIC例文に登場したTOEIC頻出単語（通称デル単）だ。音声を聞いて、その単語のスペル、品詞、意味を書いてみよう。1項目10TP、全部書けたら30TP獲得！

9

スペル 品詞

意　味 TP

10

スペル 品詞

意　味 TP

TOTAL TP

TOEIC L&Rテスト形式問題！

Unit 7で学んだ英単語の語義や使い方を問う、TOEIC L&Rテスト形式の問題に挑戦！　1問50TP、全問正解で150TPだ！

【答え→p.395】

1. The grand opening of the hospital was delayed because the construction company ------- some technical difficulties.

(A) distributed
(B) encountered
(C) represented
(D) appreciated

2. All ------- must obtain the necessary qualifications before operating heavy machinery.

(A) commerce
(B) equipment
(C) personnel
(D) literature

3. The accountants ------- the financial records of each department last week.

(A) audit
(B) audited
(C) auditing
(D) auditor

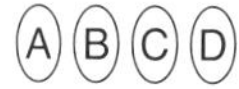

使ってみよう！

単語の意味を覚えたら、自分でも使えるようになって一人前！　こんな意味のこと、言えるかな？　構造例は「７つの文の形」(p.122)、使う単語はそれぞれの「単語カード」を参考にして取り組もう！　１問につき50TPだよ！

【答え→p.396】

1 ●○○

内部監査官は会社に問題を見つけたことを知らせた。

構造例：〔S+V+O+C〕　使う単語：名 auditor　動 encounter

内部…？　わかったよ、「内部」は“internal”！　スタートが切れたら、よい旅路を！　可愛い子には旅させろってね。

2 ●●○

友人たちが、自分の彼女に別れないように説得することを手伝ってくれた。

構造例：〔S+V+O+C（特殊な動詞 help）〕　使う単語：動 persuade

しっかりSVOCに当てはめて英語順思考を体験していこう！　Oの部分、日本語にはないけど、ちゃんと感じられるかな？

3 ●●●

人事部長に提案を受け入れてもらえるようにするべきだ。

構造例：〔S+V+O+C〕　使う単語：名 personnel　動 adopt

使役動詞をくまなく使うぞ！　ここまでにあまり使ってこなかったやつだ！　「７つの文の形」(p.122)をもう一度チェック！

Results

Unit 7の獲得 TP を記録しておこう。何 TP 取れたかな？

	1回目	2回目	3回目
POP QUIZ	/ 80 TP	/ 80 TP	/ 80 TP
単語テスト	/ 380 TP	/ 380 TP	/ 380 TP
TOEIC形式問題	/ 150 TP	/ 150 TP	/ 150 TP
使ってみよう!	/ 150 TP	/ 150 TP	/ 150 TP
TOTAL	/ 760 TP	/ 760 TP	/ 760 TP

Cycle 3 語句一覧

Cycle 3で登場した語句の一覧だよ。スペルや品詞、意味を覚えているか、確認してみよう！

取れるぞ500点！　エントリー語彙レベル

動 動詞

build	他	～を集める
check	他	～を検査する
choose	他	～を採用する
do	他	～をする
leave	他	～を去る
receive	他	～を受け取る
train	他	～を訓練する
worry	他	～を心配させる
accept	他	～を受け入れる
attend	自	出席する
carry out		～を遂行する
connect	他	～を関係させる、～を繋ぐ
continue	他	～を続ける
deal	自	対処する
deliver	他	～を配達する
develop	他	～を作り上げる
discuss	他	～について話し合う
finance	他	～を融資する
gather	他	～を集める
increase	他	～を増やす
maintain	他	～を維持する
match	自	一致する
mention	他	～に言及する
offer	他	～を提供する
perform	他	**～をする**
profit	他	～のためになる
react	自	反応する
relate	他	～を関係させる
reply	自	返答する
respond	自	**返答する**
result	自	結果として生じる
run into		～に偶然出合う
transfer	他	～を移動（異動）させる
trust	他	～を信用する
view	他	～を眺める
vote	自	投票する
weigh	自	重さが～である

名 名詞

break	可	休憩
concert	可	コンサート
department	可	部門
job	可	仕事
leave	不	休暇
meeting	可	会議
show	可	ショー
space	可	空間
thing	可	物
travel plan	可	旅行日程
vacation	可・不	休み、休暇
visitor	可	訪問者
worry	不	心配
ability	可・不	能力
account	可	（預金）口座
advantage	可・不	利点

amount	可・不	ある量
approach	可・不	接近方法
battery	可	電池
benefit	可・不	利益、手当
choice	可・不	選択
citizen	可	市民
committee	可	(集合的に)委員会
community	可	社会(集団)
conversation	可・不	会話
creation	不	創造
dentist	可	歯医者
difficulty	可・不	困難な点
division	可	区分
documents	可	文書
employee	可	従業員
following	不	以下のもの
fortune	可・不	富
goods		(通例複数扱い)商品
graduate	可	卒業生
head office	可	本部
information	不	情報
main office	可	本部
material	可・不	物質
membership	可・不	会員の身分
notice	可・不	通知

opening	可	(地位などの)空き
performance	可	演技
product	可・不	製品
production	不	製造
quality	可・不	質
reaction	可・不	反応
reality	可・不	現実
receipt	不	受領
reply	可	返答
research	不	調査
response	可	返答
result	可・不	結果
saving	可・不	節約
schedule	可	予定(表)
section	可	部門
selection	不	選択
source	可	(通常複数形で)情報源
staff	可	(集合的に、通例単数形)(全)職員
task	可	任務
tax	可・不	税金
union	不	合併
waste	不	浪費
weather	不	天気

形 形容詞

strong	丈夫な
usual	いつもの
additional	追加の
available	利用できる
broken	故障した
common	共通の
empty	空いている
following	次の
helpful	有益な

ordinary	普通の
reasonable	手頃な
regular	定期的な
rough	おおよその
shared	共通の
suitable	適した
typical	普通の
various	様々な

副 副詞

about	おおよそ	highly	高度に
each	それぞれ	immediately	即座に
comfortably	心地よく	roughly	おおよそ

前 前置詞

about	～に関して

中上級を目指せ！　アドバンス語彙レベル

動 動詞

accord	自	一致する
acknowledge	他	**～を認める**
adopt	他	**～を採用する**
allocate	他	～を割り当てる
allot	他	～を割り当てる
assemble	他	**～を集める**
assign	他	**～を割り当てる**
associate	他	**～を関係させる**
audit	他	**～に会計検査をする**
authorize	他	～に権限を与える
be advantageous to		～に有利である
benefit	他	**～のためになる**
bother	他	～を心配させる
chat	自	お喋りをする
combine	自	合併する
come up with		～を見つける
concern	他	**～を心配させる**
conflict	自	対立する
consult	自	相談する
contradict	他	～と矛盾する
convince	他	（人）に～するように説得する
correspond	自	**一致する**
differ	自	意見が合わない
encounter	他	**～に出合う**
entitle	他	**～に資格を与える**
estimate	他	～だと推定する
evacuate	他	～から避難する
examine	他	～を検査する
expire	自	期限が切れる
face	他	～に直面する
introduce	他	（法律・制度など）を取り入れる
merge	自	**合併する**
participate	自	（活動・行事などに）参加する
persuade	他	**～を説得する**
qualify	他	～に資格を与える
recognize	他	～を認める
refer	自	**言及する**
subscribe	自	定期購読する
talk into		説得して～させる
unite	自	団結する
vacate	他	**～を空ける**

名 名詞

adoption	可·不	採用	inconsistency	可·不	矛盾
alliance	可·不	同盟	incorporation	不	合併
anxiety	不	心配	inspector	可	監査官
appliance	可	機器	introduction	不	導入
aspect	可	側面	**itinerary**	可	**旅行日程(表)**
assembly	可·不	集まり	landlord	可	家主
assignment	可	割り当てられた仕事	lease	不	借家(借地)契約
associate	可	仲間	maintenance	不	整備
association	可	協会	malfunction	可·不	(機械などの)不調
attendee	可	出席者	manufacture	不	製造
audit	可	会計検査(報告書)	merchandise	不	(集合的に)商品
auditor	可	会計監査官	merger	可·不	(吸収)合併
benefit	可·不	利点	merit	可	利点
billion	可	10億	outcome	可	結果
cellphone	可	携帯電話	output	不	生産高
colleague	可	同僚	password	可	パスワード
compensation	不	補償	**personnel**	複	**全職員**
concern	可	関心事	persuasion	不	説得
consequence	可	**結果**	premise	可	(通常複数形で)敷地
contradiction	可·不	**矛盾**	productivity	不	生産性
correspon-dence	可	手紙	profit	可·不	利益
coupon	可	クーポン	qualification	可	(通常複数形で、複数扱い)適性
coworker	可	同僚	quantity	可·不	量
defect	可	**欠陥**	reference	可	言及した事柄
discrepancy	可·不	矛盾	resident	可	住民
earnings	複	収入	**revenue**	可	**(通常複数形で)(会社の)総利益**
efficiency	不	能率	substance		物質
eligibility	不	適任(性)	unemploy-ment	不	失業(状態)
encourage-ment	不	激励	vacancy	可	空室
examination	可	試験	vendor	可	納入業者
flaw	可	欠陥	warranty	可·不	保証
gathering	可	集会	workload	可	仕事量
headquarters	可	**本部**			

形 形容詞

accountable	責任がある
advantageous	有利な
affordable	(価格が)手頃な
approximate	**おおよその**
beneficial	有益な
competitive	競争力のある
consecutive	**連続した**
considerable	かなりの
continuous	連続した
convincing	説得力のある
defective	欠陥のある
demanding	あまりに多くを要求する
durable	**丈夫な**
eligible	**ふさわしい**
estimated	おおよその
faulty	欠陥のある
fruitful	実りの多い
liable	法的責任がある
long-lasting	長持ちする
long-term	長期の
mutual	**相互の**
overseas	海外の
persuasive	説得力のある
productive	**生産的な**
profitable	利益をもたらす
qualified	ふさわしい
reactive	(化)反応しやすい
reliable	信頼できる
responsible	責任がある
responsive	反応のよい
significant	かなりの
substantial	**かなりの**
successive	連続した
vacant	空いている

副 副詞

appropriately	ふさわしく
approximately	おおよそ
at least	せめて
automatically	自動的に
consecutively	連続して
considerably	かなり
continuously	連続して
convincingly	説得力をもって
in a row	連続して
individually	それぞれ
mutually	相互に
persuasively	説得的に
properly	ふさわしく
reasonably	適切に
reciprocally	相互に
respectively	**それぞれ**
significantly	かなり
so far	今までのところ
substantially	相当に

前 前置詞

according to ～	～によれば
concerning	～に関して
regarding	～に関する

Cycle 3 大単語テスト

Cycle 3で学習した単語をまとめて復習しよう。

【答え→p.397】

381

LEVEL 4

まずは見出し語と関連語を確認。音声を聞いて、その単語のスペル、品詞、意味、そして言い換え語を書いてみよう。1項目20TP、全部書けたら80TPだ！

1

スペル .... 品詞 ....

意　味 ....

言い換え .... TP

2

スペル .... 品詞 ....

意　味 ....

言い換え .... TP

3

スペル .... 品詞 ....

意　味 ....

言い換え .... TP

4

スペル .... 品詞 ....

意　味 ....

言い換え .... TP

5

スペル .... 品詞 ....

意　味 ....

言い換え .... TP

6

スペル .... 品詞 ....

意　味 ....

言い換え .... TP

7
スペル　品詞
意　味
言い換え　TP

8
スペル　品詞
意　味
言い換え　TP

9
スペル　品詞
意　味
言い換え　TP

10
スペル　品詞
意　味
言い換え　TP

382

LEVEL 5

ここからはデル単が出題範囲だ。音声を聞いて、その単語のスペル、品詞、意味を書いてみよう。1項目20TP、全部書けたら60TP獲得!!

	スペル	品詞	意　味	
11				TP
12				TP
13				TP
14				TP
15				TP
16				TP
17				TP
18				TP

TOTAL　TP

DJリチャードの発音講座 3

英語のリズムの秘密 391

ここは音による講座！
音声で会おう！

※英単語訳、例文の後ろの[　　]内は単語カードの番号です。

曖昧な「あ」ə：単語における曖昧母音の例 392

《例》

consider【kənsídər】
（～を考慮する）[058]

comply【kəmplái】
（従う）[040]

avoid【əvɔ́ɪd】
（～を避ける）[272]

assign【əsáin】
（～を割り当てる）[087]

acknowledge【əknálidʒ】
（～を認める）[082]

approximate【əpráksəmət】
（おおよその）[093]

seldom【séldəm】
（めったに～ない）[050]

relevant【réləvənt】
（関連がある）[025]

文章における曖昧母音

《例文》

I don’t think that’s a **relevant question**. [025]
私は思わない／それが関連性のある質問だとは

I **bet** I’ve **met** you in a **previous life**. [032]
間違いなくおれは会ったことがある／あなたに／前世で。

What do I **have** to **do** if I **can't participate**? [026]
私はどうしたらいいの／もし私が参加できなかったら？

I was **inspired** to **practice** in the **park** after **watching** the **ball game**. [029]
私は練習する気にさせられた／公園で／見た後／野球の試合を。

Some **experts consider** it **beneficial** to **consume** a **moderate amount** of **caffeine**. [030]
何人かの専門家は考えている／それが有益であると／飲むことを／適量のカフェインを。

The **company provides** a **five-year warranty** on its **products**. [005]
その会社は提供する／５年間補償を／その製品に。

The **supervisor** was **satisfied** with the **rapid progress** of the **staff**. [006]
上司は満足した／迅速な成長に／部下の。

You can **accomplish anything** if you **believe** in **yourself** and **put** your **mind** to it. [031]
あなたは達成することができる／なんでも／もしあなたが自分自身を信じて／気持ちを込めれば／それに。

TANGO-OH

解答と解説

Cycle 1 Unit 1

単語テスト

LEVEL 1

※囲みの中の数字は単語カードの番号です。

No.	単語	品詞	意味	類義語	カード
1	proceed	動	進む	go / move	003
2	account	動	原因となる	cause / give reasons	001
3	compete	動	競争する	contend / fight	002
4	beverage	名	(水・薬以外のすべての)飲料	drink	004
5	provide	動	～を供給する	supply / give	005

LEVEL 2

※LEVEL 2 の英文は紙面に掲載されていません。ダウンロードセンターで提供しています（p.23参照）。

No.	単語	品詞	意味	類義語	カード
6	accountant	名	会計士	bookkeeper	001
7	competitive	形	競争力のある	reasonable / inexpensive	002
8	proceed	名	(通常複数形で)収益	profit / revenue	003

LEVEL 3

No.	単語	品詞	意味	類義語	カード
9	merchandise	名	(集合的に)商品		001
10	warranty	名	保証		005

TOEIC形式問題

※囲みの中の数字は単語カードの番号、色文字の英単語はTOEICテスト頻出単語(デル単)です。です。

1 正解:(B)

005

問題文の訳：Durant Auto Club は／提供する／ロードサイドサポートを／会員が機械の問題を抱えている場合。

問題文：Durant Auto Club ------- roadside assistance when members have mechanical problems.

選択肢：(A) provision 名 用意 (B) provides 動 ～を与える（三人称単数現在形）
(C) provider 名 プロバイダー (D) providing 動 与えている（現在分詞）

3 STEPS! で解ける問題(以下「3 STEPS!」と記すよ）！　①選択肢を見てみると、語尾だけが異なっているので品詞の用法を問う文法問題であることがわかる(以降「品詞問題」と呼ぶよ)。②品詞問題は空欄の前後で勝負！　前は全部頭文字が大文字だから固有名詞、社名だね。後ろは 2 語の複合名詞(roadside assistance)。③こりゃ主語(S) と目的語(O) に挟まれたSVO ！　ってことで動詞(V) の (B) を選んで解決！

2 正解:(B)

002

問題文の訳：Magesta Appliances は／競わなくてはいけない／海外のさらに多くの製造業者と。

問題文：Magesta Appliances needs to ------- with more and more foreign manufacturers.

選択肢：(A) competitive 形 競争的な (B) compete 動 競争する
(C) competitively 副 競争して (D) competition 名 競争

2 STEPS! で解ける問題(以下「2 STEPS!」と記すよ）！　①選択肢を見てみると品詞問題であることがわかる。②空欄の前はto なので、後ろにくるのは動詞の原形が続いて「～する必要がある」を表すと考えられる。よって (B) ！

3 正解:(A)

001

問題文の訳：寒い天気が／原因だった／急激な売り上げ上昇の／セーターとコートの。

問題文：The cold weather ------- for a sharp increase in sales of sweaters and coats.

選択肢：(A) accounted 動 原因となった（過去形）(B) responded 動 答えた（過去形）
(C) corrected 動 訂正した（過去形）(D) apologized 動 謝罪した（過去形）

2 STEPS!
①選択肢を見てみるとそれぞれの英単語の意味を問う問題であることがわかる(以降「語彙問題」と呼ぶ)。②寒い季節は、急激な販売の向上の…… 「原因となる」がしっくりくるので (A) ！

使ってみよう 解答例

1

002

解答例 **My friend is going to compete in the Tokyo Marathon too.**

第１文型ＳＶ！　Ｓから始めてＶを置くだけ！　Ｖには compete を使いたいわけだけど、決して直訳である必要なんてないので、「東京マラソンで競う」なんて言い換えてやってみよう！　あとお題はこの先の予定なので、be going to を使うのもいいね！ My friend is competing in ～でも未来を表せるぞ！　採点は、Ｓ＋Ｖの形が使えていたら10TP、"compete"を自動詞として使えていたら10TP、というように甘目に加算して大丈夫。２回目は50TPを目指そう！

2

001

解答例 **Heavy snow accounted for the delay of Skytrain, so the tardiness is not my fault.**

今度は "account" を使ってみるのだ！　なかなか難しいけど、とにかく自分で使って覚えることことが大事！　自動詞は特に使い方を覚えることが大事だね。"account" ときたら、"for" だ。"accounted for the delay" と繋げば、遅れの原因となった。だね！　うん、また一つ賢くなったぞ。

3

003 004

解答例 **Please proceed to the counter and receive a complimentary beverage.**

２つの命令文を繋げる形。自動詞と他動詞の使い分けも気をつけたいところ。語彙的には、"beverage" ではなく "drink"、"complimentary" ではなく "free" でも全然OK！　70パーセントくらいできたかな、と思ったら35TP獲得。それでいいのだ！

Cycle 1 Unit 2

単語テスト

LEVEL 1

1	exhibit	動 ～を展示する　show / display	007
2	enthusiastic	形 熱狂的な　eager / passionate	009
3	rapid	形 速い　quick / fast	006
4	innovative	形 革新的な　original / creative	008
5	involve	動 ～を含む　include / contain	010

LEVEL 2

6	rapidly	副 速く　quickly / fast	006
7	exhibit	名 展示会　exhibition / show	007
8	enthusiasm	名 熱狂　eagerness / passion	009

LEVEL 3

9	supervisor	名 上司	006
10	demonstrate	動 ～をはっきり示す	008

TOEIC形式問題

1 正解：(B)

007

問題文の訳：Colby Museum は／現在／展示している／地元の歴史的な品々を。
問題文：The Colby Museum is currently ------- historical items from the local area.
選択肢：(A) exhibition 名 展示　(B) exhibiting 動 展示している（現在分詞）
(C) exhibited 動 展示された（過去分詞）　(D) exhibit 動 展示する

3 STEPS!
①選択肢を見てみると文法問題であることがわかる。②空所の前後を確認すると、前は修飾語の "currently" を無視すると be 動詞 "is"、後ろは目的語となる "historical terms"。③現在進行形を作る (B) に決定！

2 正解：(D)

008

問題文の訳：Jack Smith の革新的なアイデアは／役立った／会社の売り上げを改善するのに。
問題文：Jack Smith's ------- ideas have helped improve the company's sales.
選択肢：(A) customary 形 習慣的な　(B) skillful 形 熟練した
(C) respective 形 それぞれの　(D) innovative 形 革新的な

2 STEPS!
①選択肢を見てみるとすべて形容詞の語彙問題であることがわかる。②Jack Smith の……「革新的な」案がしっくりくるので (D) をグリグリ。

3 正解：(A)

010

問題文の訳：カスタマーサービス担当者の職は／含む／毎日の得意先訪問を。
問題文：The position of customer service representative ------- daily travel to client businesses.
選択肢：(A) involves 動 ～を含む（三人称単数現在）(B) respects 動 ～を尊敬する（三人称単数現在）
(C) indicates 動 ～を示す（三人称単数現在）(D) directs 動 ～を指導する（三人称単数現在）

2 STEPS!
①選択肢を見てみるとすべて動詞の語彙問題であることがわかる。②カスタマーサービスのポジションは、顧客への訪問を……「含む」がベストっぽいので、(A) でいっときましょう！

使ってみよう 解答例

1 009

解答例 **She seemed enthusiastic about her new boyfriend for the first few months.**

SVC の構造で考えよう。S = C の関係だね。この場合彼女がそう見えたんだから、動詞は“seem”が良さそうだ！ そしたらあとは前置詞で繋いでいく感じだね。やっぱり英語は「最初の数カ月は」とかは最後にきまっす！　60パーセントくらいできたかな、と思ったら30TP獲得！

2 007 006 017

解答例 **That exhibition center rapidly became famous for commercial events.**

The exhibition center became famous. がブレなければ満点！ あとは「急速に」とか「商業イベントで」とかはぶっちゃけあってもなくても成り立つわけだから、そこまで神経質にならなくていいぞ。気楽に楽しんでいこう！

1 008

解答例 **What an innovative idea (that is)! You're a genius!**

いわゆる感嘆文ってやつも語順が変則的だけど、一応第 2 文型。感嘆文でも簡単文ではないんだねーってそんなことはどうでもいいとして、キミ＝天才の部分はできたかな？　天才は“genius”っていう名詞（だから冠詞が必要）だけど、形容詞“smart”とかでもいいぞい！

Cycle 1 Unit 3

単語テスト

LEVEL 1

No.	単語	意味	類義語	番号
1	voucher	名 引換券	coupon / ticket	011
2	detach	動 ～を引き離す	remove / separate	015
3	convert	動 ～を変える	change / modify / alter	013
4	policy	名 方針	rule / guideline	012
5	state	動 ～をはっきりと述べる	say / announce	014

LEVEL 2

No.	単語	意味	類義語	番号
6	conversion	名 変換	change / modification / alteration	013
7	statement	名 陳述	announcement / report	014
8	attach	動 ～を添付する	put on / stick	015

LEVEL 3

No.	単語	意味	類義語	番号
9	equipment	名 機材		013
10	occupation	名 職業		014

TOEIC形式問題

1 正解：(A)

015

問題文の訳：カメラのストラップは／取り外しできる／特別な道具を使って。
問題文：The camera's strap can be ------- using a special tool.
選択肢：(A) detached 動取り外される（過去分詞）(B) concluded 動結論付けられる（過去分詞）
(C) delayed 動遅らせられる（過去分詞）(D) opposed 動反対される（過去分詞）

2 STEPS!
①選択肢を見てみるとすべて受け身を作る動詞の語彙問題であることがわかる。②カメラのストラップは……「取り外せる」がしっくりくるので、(A)！　ぃよっ！

2 正解：(C)

013

問題文の訳：その町の古い会館は／建て替えられた／図書館に。
問題文：The town's old hall has been ------- into a library.
選択肢：(A) converting 動改造している（現在分詞）(B) converter 名変換器
(C) converted 動改造された（過去分詞）(D) convertible 形変えられる

3 STEPS!
①選択肢を見てみると品詞問題。②品詞問題は空所の前後で勝負……だが、be動詞の後ろは悩ましい。目的語がないので(A)が消え、冠詞がないので(B)も消える。最後は意味勝負！③図書館に「改築された」で(C)の勝ちっ！

3 正解：(A)

012

問題文の訳：メモが／大量に発送された／社員に伝えるために／会社の新たな出張方針を。
問題文：A memo was sent out to inform employees of the company's new travel -------.
選択肢：(A) policy 名方針　(B) maintenance 名整備
(C) response 名回答　(D) attention 名注意

2 STEPS!
①選択肢を見てみるとすべて名詞の語彙問題であることがわかる。②空所の直前の"travel"には「移動」の意味があり……会社の新しい移動の「方針」(つまり交通費などに対する決まり)が一番自然なのでここは(A)で！

使ってみよう 解答例

1 013

解答例 **How do you convert temperatures from Fahrenheit to Celsius?**

そもそも華氏とか摂氏って知ってる？って話だけど、これは温度の単位の話で、アメリカは華氏っていう単位を使ってるんだよね。日本を含む他のほとんどの国は摂氏。ちなみにおれはいまだに変換の仕方がはっきりとはわからん。しかし真の国際人を目指すなら……って作文の解説はどうした？

2 014

解答例 **When you register with an online matchmaking service, you need to state your preferences clearly.**

なんちゅーお題だって話だけど、それは置いておいて。日本語はほんと主語が省略されがちだけど、英語はそうはいかん。主語が見えればスタートがきれて、英語が出てくるぞ。"you" から始められればいい感じだ。好みのタイプは "type" でもオッケー！

3 015 011

解答例 **Please detach the voucher from the sheet before using it.**

丁寧な言葉遣いでもこれは命令文。ま、副詞 "please" はつけるだろうけど、動詞の原形置いて、目的語ドーン。"detach A from B" で「AをBから引き離す」！

Cycle 1 Unit 4

単語テスト

LEVEL 1

1	property	名 不動産　real estate / premise	017
2	grant	名 助成金　funding / subsidy	020
3	conduct	動 ～を行う　administer / carry out	016
4	current	形 現在の　present	019
5	launch	動 ～を始める　start / introduce	018

LEVEL 2

6	conductor	名 指導者　guide / administrator	016
7	launch	名 （事業や開始製品の売り出しなどの）開始　start / introduction	018
8	currently	副 現在　now / presently	019

LEVEL 3

9	survey	名 調査	016
10	commercial	形 商業の	017

TOEIC形式問題

1 正解：(C)

017

問題文の訳：Dalton Real Estate は／専門にしている／貸物件の管理を。
問題文：Dalton Real Estate specializes in the management of rental -------.
選択肢：(A) interests 名 利子（複数形）(B) publications 名 出版（複数形）
(C) properties 名 不動産（複数形）(D) responsibilities 名 義務（複数形）

2 STEPS!
①選択肢を見てみるとすべて名詞の語彙問題であることがわかる。②“rental（借りることのできる）”と意味的に相性がいいのは……(C) でしょー！

2 正解：(B)

018

問題文の訳：Maddox Inc. は／発売した／新たなスポーツドリンク製品を／若者向けの。
問題文：Maddox Inc. has ------- a new line of sports drinks aimed at younger people.
選択肢：(A) extracted 動 ～を抽出した（過去分詞）(B) launched 動 ～を発売した（過去分詞）
(C) warned 動 ～を警告した（過去分詞）(D) solved 動 ～を解決した（過去分詞）

2 STEPS!
①選択肢と空所直前の“has”を見るとすべて現在完了を作る過去分詞の動詞であり、語彙問題であることがわかる。② Meddox社はスポーツドリンクの新製品を……「販売開始した」がしっくり～。ということで、(B) っ！

3 正解：(B)

016

問題文の訳：州政府は／調査を実施した／人々のレジャー活動をもっと知るために。
問題文：The state government ------- a study to learn more about people's leisure activities.
選択肢：(A) conduct 動 ～を行う　(B) conducted 動 ～を行った（過去形）
(C) conductible 形 伝導性の　(D) conduction 名 伝導

2 STEPS!
①選択肢を見ると品詞問題。②さあ空所前後勝負！　主語と目的語に挟まれ余裕の動詞 (A)！……と思いきや、三単現のsが付いていないのでこれじゃない！　③ (C) もそれっぽく見えるが前にbe動詞がないので、違う。答えは (B)！　ほ、骨太～！

使ってみよう 解答例

1

017

解答例 **The realtor showed me the property.**

第４文型なんかは形はガチガチ、動詞も限定的なので、形にあてはめて、使って慣れてものにしちゃおう！　O_1(me)にO_2(property)を見せてくれたってことだよね。不動産業者は"real estate agent"でもいいし、もしくは相手がわかってくれさえすればなんでもいい。大事なのは伝えようとする気持ちだ！

2

019

解答例 **I sent him an e-mail to explain the current situation.**

SVOOからの、「～するために」ということでto不定詞を使おう。副詞的用法ってやつで、to doでdoするためにっていうのが使えるよね！

3

018　020

解答例 **The government granted the company permission to launch the product.**

"grant"が第４文型で使えるんだねー。使っとこ使っとこ！　というわけで、SVOOの思考で文を構成しつつ、「販売する許可」は、「販売するための許可」と捉え、またto doにお世話になりますか！　「～するための」という形容詞適用でドーン！　で販売の部分はもちろん　"sell"とかで全然問題ないんだけど、せっかくなので"launch"！

Cycle 1 Unit 5

単語テスト

LEVEL 1

No.	単語	品詞	意味	
1	optimistic	形	楽天的な　positive / hopeful	023
2	admit	動	(人)に入ることを許す　accept / allow entry	024
3	reduce	動	～を減少させる　decrease / cut	022
4	relevant	形	関連がある　related / suitable	025
5	emphasize	動	～を強調する　stress / highlight	021

LEVEL 2

No.	単語	品詞	意味	
6	emphasis	名	強調点　stress / importance	021
7	reduction	名	減少　decrease / discount	022
8	admission	名	入る許可　access / entry	024

LEVEL 3

No.	単語	品詞	意味	
9	advertisement	名	広告	021
10	analyst	名	分析者	023

TOEIC形式問題

1 正解：(C)

022

問題文の訳：新しいソーラーパネルは／削減した／住民の電気代を／40パーセントほど。

問題文： The new solar panels ------- residential power bills by as much as 40 percent.

選択肢： (A) reduction 名 減少　(B) reductive 形 減少する
(C) reduce 動 ～を減少させる　(D) reducing 動 ～を減少させている（現在分詞）

①選択肢を見てみると……出た！　品詞問題！　②空所の前後は主語と目的語なので、ここで欲しいのは動詞とわかり、(C) でファイナルアンサー！

2 正解：(B)

025

問題文の訳：参加者たちは／感じた／そのトレーニングは／とても合っていると／会社での仕事に。

問題文： The participants felt that the training exercise was very ------- to their work in the company.

選択肢： (A) selective 形 入念に選択する　(B) relevant 形 適切な
(C) prompt 形 即座の　(D) temporary 形 一時的な

2 STEPS!
①選択肢を見てみると形容詞が並んでいるので、語彙問題であることがわかる。②参加者たちは、その訓練は会社の仕事に対してとても……「関連性がある」と感じた。が意味として通るので、(B)！

3 正解：(A)

021

問題文の訳：Ledbetter Paper Company のウェブサイトは／強調している／同社の仕事を／環境保護に関する。

問題文： The Ledbetter Paper Company Web site ------- the company's work in environmental preservation.

選択肢： (A) emphasizes 動 ～を強調する（三人称単数現在） (B) succeeds 動 ～を引き継ぐ（三人称単数現在）
(C) converts 動 ～を転換する（三人称単数現在） (D) performs 動 ～を行う（三人称単数現在）

2 STEPS!
①選択肢を見てみるとすべて動詞の語彙問題であることがわかる。②Ledbetter Paper Companyのウェブサイトは会社の環境保全に対する取り組みを……「強調した」の (A)！

使ってみよう 解答例

1

025

解答例 **You call it relevant to the downturn in sales?**

もちろん、“Do you ～ ”としてもいいよ。とにかく使って文の構造になれる。その形を決めるのはいつだって動詞。今回は第５文型を作る動詞にフォーカスして、あとはその大いなる流れに乗っていくのだ！　というわけで鍵になるのは動詞。今回は call O C で「O を C と呼ぶ」が見えれば勝ちだったのではないかと。

2

022 021 081

解答例 **I made the meeting productive by putting the emphasis on reducing costs.**

主節は make O C で「O を C にする」。あとはこの日本語文、put emphasis on を使ってくれと言わんばかりでございます。前置詞 by はのあとは名詞を置きたい。もちろん動名詞もオッケー。ってことで putting からの動名詞句にして表現しきっちゃおう！

1

024 023

解答例 **Optimistically speaking, I consider it possible the club will admit one or two people without IDs.**

I think を使いたい気持ちを抑えて、今回は第５文型を肌で覚えたいってことで consider に舵を切ります（あくまでも解答例として、ね）！　いかんせん表現したい内容が多いので、第５文型さえ使ってくれれば、多少内容削ぎ落としたってなんら問題なし（第５文型使えていれば25TP 差し上げます）！　I consider it possible to enter the club with no IDs. でも全然OK!

Cycle 1 Unit 6

単語テスト

LEVEL 1

No.	Word		Meaning	Ref
1	indicate	動	～を指し示す　suggest / imply / show	028
2	consume	動	～を消費する　use / spend	030
3	participate	動	(活動・行事などに)参加する attend / take part in	026
4	inspire	動	～を奮い立たせる　motivate / encourage	029
5	individual	形	個々の　separate / independent	027

LEVEL 2

No.	Word		Meaning	Ref
6	participant	名	参加者　attendee / entrant	026
7	individual	名	(社会に対して)個人　person	027
8	inspiration	名	突然の素晴らしい思いつき idea / imagination	029

LEVEL 3

No.	Word		Meaning	Ref
9	candidate	名	候補者	028
10	moderate	形	適度の	030

TOEIC形式問題

1 正解：(B)

027

問題文の訳：ホテルの改修の間、／個々のレストランは／閉店させられるかもしれない／が、少なくとも1店は営業するつもりだ／お客様のために。

問題文：During the hotel's renovations, ------- restaurants may be closed, but at least one will be available to guests.

選択肢：(A) individually 副個々に　(B) individual 形個々の
(C) individuals 名個人（複数形）　(D) individualism 名個人主義

2 STEPS!
①選択肢を見てみると品詞問題であることがわかる。②空所の前はカンマで区切れており、後ろは名詞。こりゃ名詞を修飾する形容詞しかないってことで(B)！

2 正解：(C)

026

問題文の訳：ほとんどの顧客は／同意した／参加することに／年に1度の満足度調査に。

問題文：Most of the customers agreed to ------- in the annual satisfaction survey.

選択肢：(A) participates 動参加する（三人称単数現在）(B) participant 名参加者
(C) participate 動参加する　(D) participated 動参加した（過去形）（過去分詞）

2 STEPS!
①選択肢から品詞問題だとわかる。②空所の前はto、直後は前置詞in。to不定詞を作る動詞の原形を入れると、to participate in ～（～に参加すること）というフレーズになってバッチリで(C)！

3 正解：(D)

030

問題文の訳：夏の間、／工場は／消費してきた／よりたくさんの電力を／通常より。

問題文：During the summer months, the factory has been ------- more electricity than usual.

選択肢：(A) impacting 動～に影響を与えている（現在分詞）(B) preventing 動～が…するのを妨げている（現在分詞）
(C) retiring 動～を解雇している（現在分詞）(D) consuming 動～を消費している（現在分詞）

2 STEPS!
①選択肢と空所前を見てみるとすべて現在完了進行形を作る動詞の語彙問題であることがわかる。②目的語との意味の相性で、普段より多くの電力を……「消費している」を意味する(D)がよろしいようで！

使ってみよう 解答例

1

解答例 **I saw many individuals participating in the event.**

出ました、知覚動詞。まさに感じる動詞だね。慌てず主語はI、動詞は「見た」でsaw。あとは単語をあてはめていくだけなんだけど、ちゃんと“individual”を名詞で使えたかな？　使えたらまちがいなく「大人の階段」を一歩上がったぞ！

2

028

解答例 **I noticed his eyes indicate that he was ready to leave.**

言葉は直訳じゃない。「物語っている」の部分をうまく“indicate”で表現できたらいいね！　indicate that S V で「SがVであることを指し示す」。これをうまく使えたら、あんさん、英語マスターや。あんた、英語しゃべりなはれ、しゃべりなはれぇー！

3

029 027

解答例 **I saw Richard trying to inspire the students individually.**

なんかすごいところを見たんだね。英語だったらまず「私は見た！」そして「何を！」の順番です。常に「家政婦は見た！」みたいな感覚で挑もう！　で、第5文型、知覚動詞！　「ひとりひとり」の部分は“individually”だけでオッケー。もちろん“one by one”とかでもいいよ。言葉は言い換えなんだから。

Cycle 1 **Unit 7**

単語テスト

LEVEL 1

1	extend	動 ～を延ばす lengthen / expand	035
2	accomplish	動 (仕事・偉業など) ～を成し遂げる achieve / attain	031
3	previous	形 前の former / prior	032
4	adequate	形 (～のために／するのに)十分な sufficient / ample	033
5	encourage	動 (人)に～するよう勧める recommend / suggest	034

LEVEL 2

6	accomplishment	名 功績 achievement / performance	031
7	previously	副 以前に before / formerly	032
8	extensive	形 広い broad / comprehensive	035

LEVEL 3

9	achievement	名 業績	031
10	upcoming	形 やってくる	033

TOEIC形式問題

1 正解：(A)

033

問題文の訳：新しいエアコンは／十分だろう／1年を通しての使用に。
問題文：The new air conditioners should be ------- for year-round use.
選択肢：(A) adequate 形 十分な　(B) selective 形 入念に選択する
(C) wealthy 形 裕福な　(D) harmful 形 有害な

2 STEPS!
①選択肢を見てみるとすべて形容詞の語彙問題であることがわかる。②新しいエアコンは年間を通しての使用に対して……“適切である”がすっきりってことで（A）！

2 正解：(D)

032

問題文の訳：求職者は／持っていなければならない／以前の雇われた経験を／管理職の。
問題文：Job applicants must have ------- employment in a managerial position.
選択肢：(A) defective 形 欠点のある　(B) critical 形 避難的な、重大な
(C) precise 形 正確な　(D) previous 形 以前の

2 STEPS!
①選択肢を見てみるとすべて形容詞の語彙問題であることがわかる。②後ろの“employment（雇用）”を修飾する形なので、「以前の」雇用（つまり職歴）というフレーズを作れる（D）が意味的にバッチリ！

3 正解：(B)

035

問題文の訳：Smith さんは／滞在を伸ばした／訪問するために／顧客になる可能性のある人たちを／Woodhill で。
問題文：Mr. Smith ------- his stay in order to visit some potential customers in Woodhill.
選択肢：(A) extensive 形 大規模な　(B) extended 動 ～を延長した（過去形）
(C) extension 名 拡大　(D) extensively 副 広く

2 STEPS!
①選択肢を見てみると品詞問題であることがわかる。②空所の前後を見ると、主語と目的語らしきものがあるので、入るのは動詞のみ……ということで、追い詰められた犯人（答え）は（B）っ！

使ってみよう 解答例

1

035

解答例 **The government didn't let me extend my visa.**

使役動詞を使ってみよう！　ってことで「自由に〜させてあげる」は……"Let"の出番！　使役動詞は補語の位置に動詞の原形。で、ここに見出し語の "extend" を使おう。補語が動詞の原形だから、ここがさらに目的語を取ったりして続いていくのが使役動詞の醍醐味だ。

2

033

解答例 **I had my mom load the suitcase with an adequate amount of instant miso soup for my six-month trip.**

相手の好意でしてもらうのは "have" でございます。「トランクに詰める」の「詰める」の部分は load が結構いいけど、"fill" とか "pack" もいいよ。"adequate" じゃなくて "enough" とかでも全然OK。

3

031　034

解答例 **Richard helped me accomplish everything by encouraging me to never give up.**

さて、出ました熱血"修造系"文章！　大事なのは気持ち！　熱い気持ちで挑もう！　文章が長くても、英語はSV！　常にシンプル思考で！　S！「リチャードは」、V！「助けてくれた」、そしてO！「私が」、C！「達成する」のを！　語順、英語は語順っ！　それを表しているのが文型ということなんだ。

Cycle 1 大単語テスト

Level 4

No.	単語	品詞	意味	番号
1	enthusiastic	形	熱狂的な　eager / passionate	009
2	competitive	形	競争力のある　reasonable / inexpensive	002
3	encourage	動	(人)に～するよう勧める　recommend / suggest	034
4	beverage	名	(水・薬以外のすべての)飲料　drink	004
5	voucher	名	引換券　coupon / ticket	011
6	emphasis	名	強調点　stress / importance	021
7	optimistic	形	楽天的な　positive / hopeful	023
8	conversion	名	変換　change / modification / alteration	013
9	extensive	形	広い　broad / comprehensive	035
10	accomplish	動	(仕事・偉業など) ～を成し遂げる　achieve / attain	031

Level 5

11	warranty	名 保証	005
12	moderate	形 適度の	030
13	merchandise	名 (集合的に)商品	001
14	supervisor	名 上司	006
15	achievement	名 業績	031
16	advertisement	名 広告	021
17	candidate	名 候補者	028
18	demonstrate	動 ～をはっきり示す	008

Cycle 2 Unit 1

単語テスト

LEVEL 1

1 opt — 動 (～のどちらかを)選ぶ　choose / select　037

2 outstanding — 形 傑出した　excellent / prominent　038

3 comply — 動 従う　adhere / abide　040

4 colleague — 名 同僚　coworker / associate　039

5 occur — 動 起こる　happen / take place　036

LEVEL 2

6 occurrence — 名 出来事　happening / event　036

7 optional — 形 選択の　not required / voluntary　037

8 compliance — 名 従うこと　adherence / observance　040

LEVEL 3

9 contribution — 名 貢献　038

10 observe — 動 ～ということに気付く　039

TOEIC形式問題

1 正解：(A)

038

問題文の訳：Millerさんは／報酬を与えられた／彼の傑出した仕事に対して／Carpenterダムプロジェクトでの。

問題文： Mr. Miller was rewarded for his ------- work on the Carpenter Dam project.

選択肢： (A) outstanding 形 傑出した　(B) alarming 形 不安を感じさせる
(C) tempting 形 魅力的な　(D) disturbing 形 不安にさせる

2 STEPS!
①選択肢を見てみると、異なる-ing形の語が並んでいるので、語彙問題だとわかる。②彼の「傑出した」仕事なら意味が通るので、ここは(A)で！

2 正解：(C)

037

問題文の訳：多くの客は／選ぶ／保証延長サービスを買い求めることを／新しいテレビを購入する際に。

問題文： Many customers ------- to buy an extended warranty when they purchase a new television.

選択肢： (A) optional 形 選択の　(B) optionally 副 任意に
(C) opt 動 選ぶ　(D) options 名 選択（複数形）

2 STEPS!
①選択肢を見てみると品詞問題であることがわかる。②主語のあとの動詞がほしいところなので、(C)！ “opt to do”の形を覚えておこう。

3 正解：(C)

040

問題文の訳：工場の廃棄物除去手続きは／従っている／地元のあらゆる規定に。

問題文： The factory's waste removal procedures ------- with all local regulations.

選択肢： (A) compliant 形 従順な　(B) compliantly 副 素直に
(C) comply 動 従う　(D) compliance 名 法令順守

2 STEPS!
①選択肢を見てみると品詞問題であることがわかる。②さあ空所の前後。後ろは前置詞で、前は……長い長い主語の固まりであることが見抜けたら、空所には動詞が欲しいことがわかる。自動詞(C)を入れれば、comply with ～（～に従う）というフレーズができるのでバッチリ！

使ってみよう 解答例

1

036

解答例 **The accident occurred at about 4 A.M.**

SV＋いつ！　時間はat何時で。時にかせとなるターゲットワードも、手助けになることだってあるよね。おれは自由な作文が好きだけど（じゃこの形式で問題出すなって話なんだけど）、毒にも薬にもなるぜ、構造と使いたい単語！　4 A.M.の別の言い方として、four in the A.M.という表現もちょっと砕けてて面白いよ。

2

037

解答例 **These couples opted for early retirement and decided to move/immigrate to Vancouver.**

「そのカップル opted for 早期退職 and そのカップル decided to 引っ越す」ってことですな。構造が見えていて、語順が合っていれば、単語が日本語でも正解っ（40TPでどうぞ）！

3

040

解答例 **If you can't comply with my rules, then just quit.**

"comply"ときたら"with"！　これで使えるのだ！　自動詞は前置詞とセットで、だね。あとはお題の意味的に「もし〜なら」ってことで、if S V, S V。これでいきましょ！　「辞めちまいな」の部分は命令文なのでSはいらないけど（命令文は主語が省略された形）。

Cycle 2 Unit 2

単語テスト

LEVEL 1

1 demand　動 〜を要求する　request / require　042

2 appropriate　形 適切な　proper / suitable　044

3 dedicate　動 (時間や労力)を捧げる　devote / commit　043

4 reimburse　動 〜を返済する　refund / compensate　041

5 despite　前 〜にもかかわらず　in spite of / regardless of　045

LEVEL 2

6 reimbursement　名 返済　refund / compensation　041

7 demand　名 要求　request / requirement　042

8 dedication　名 献身　devotion / commitment　043

LEVEL 3

9 insurance　名 保険　041

10 income　名 収入　045

TOEIC形式問題

1 正解：(C)

044

問題文の訳：一般市民からの電話での問い合わせは／向けられるべきだ／適切な政府の部門に。

問題文：Telephone inquiries from the public should be directed to the ------- government department.

選択肢：(A) marginal 形 ささいな　(B) quality 形 良質の
(C) appropriate 形 適切な　(D) conditional 形 条件付きの

2 STEPS!
①選択肢を見てみると、すべて形容詞の語彙問題であることがわかる。②一般市民からの電話での問い合わせは……「適切な」政府の部門に繋がれなければならない。が意味が通るので（C）！

2 正解：(D)

041

問題文の訳：会社は／払い戻す／社員に／あらゆる業務上の支出を。

問題文：The company ------- employees for any work-related expenses.

選択肢：(A) reimbursing 動 ～に払い戻ししている（現在分詞）(B) reimburse 動 ～に払い戻す
(C) reimbursement 名 払い戻し（金）(D) reimburses 動 ～に払い戻す（三人称単数現在）

2 STEPS!
①選択肢から品詞問題だとわかる。②空所の前後作戦で、SとOに挟まれたSVOの構造が見え、動詞の（B）ゲットォ！ ……と思わせておいて、主語が三人称単数なので、時制が現在の場合は“s”を忘れずに！ 実は（D）！ 実にトリッキー！

3 正解：(B)

045

問題文の訳：予測にもかかわらず／売上高が下がるという、／その会社は／実際には計上した／記録的な利益を。

問題文：------- predictions that sales figures would drop, the company actually posted record profits.

選択肢：(A) Except 前 ～を除いて　(B) Despite 前 ～にもかかわらず
(C) Unless 接 ～しない限り　(D) As 前 ～として

2 STEPS!
①選択肢を見てみると、すべて前置詞の語彙問題であることがわかる。②売上高が落ちるという予測「にもかかわらず」会社は記録的な売り上げを計上した。が意味的に成り立つので（B）！

使ってみよう 解答例

1

045 042

解答例 **The supervisor remained demanding despite the resignation of many of his staff.**

第2文型の出番だ～！ 「～のまま」これは“remain”の出番でしょ、ってとこまで見えたら半分できたようなもん。もう一つの課題は前置詞“despite”を使いたいというところ。前置詞だから後ろに名詞を置かないといけない、あまりお題の「辞めた」に引っ張られすぎずに“resignation”という名詞で処理できるか!?

2

043

解答例 **Her kids grew big now, but she used to dedicate so much time to them.**

なんかおれも人の親になって、なんか泣けてくるなーこの文章。ありがとうお母さんと嫁（涙）。ってそういう問題じゃなくて、“grow”の使い方を覚えましょうってことなんですよ。人は成長し、そしていつか旅立っていく…（涙）。

3

044

解答例 **Regardless of the situation / circumstances, “Thank you” sounds appropriate (to say) when someone did nice things for you.**

難しかったら「状況は問わず」とか飛ばしちゃっていいからね。大事なのは一番伝えたいことが伝わること！ 「ありがとう」が言葉であり音だから、動詞にsoundを使えたら120点（でもTPは50だけどね）！ もちろん普通にbe動詞でもぜーんぜんオッケー！ カッコ内の“to say”はなくてもいいよ。

Cycle 2 Unit 3

単語テスト

LEVEL 1

1 seldom 副 めったに～ない rarely / hardly ever 050

2 propose 動 ～を提案する offer / suggest 047

3 alter 動 ～を変える change / adjust 048

4 acquire 動 ～を得る get / obtain 049

5 earn 動 ～を得る get / gain 046

LEVEL 2

6 earnings 名 収入 income / profit 046

7 proposal 名 提案 suggestion / plan 047

8 acquisition 名 獲得 obtainment 049

LEVEL 3

9 client 名 顧客 046

10 preserve 動 ～を保護する 047

TOEIC形式問題

1 正解：(A)

050

問題文の訳：Waters さんは／残念がっている／時間がめったにないことを／新入社員に会う。

問題文： Ms. Waters regrets that she ------- has time to meet new employees.

選択肢： (A) seldom 副めったに〜ない (B) thoroughly 副完全に
(C) rather 副いくぶん (D) roughly 副おおよそ

2 STEPS!
①選択肢がすべて副詞の語彙問題。②thatの後ろは、彼女は従業員と会う時間が「めったにない」という意味になればしっくるくるので(A)！

2 正解：(C)

049

問題文の訳：Bookman Holdings は／取得した／ Runcorn に土地を、／そしてそこに建てるつもりだ／新しい本社を。

問題文： Bookman Holdings has ------- a piece of land in Runcorn, where it will build its new headquarters.

選択肢： (A) acquirement 名入手 (B) acquire 動取得する
(C) acquired 動取得した（過去分詞） (D) acquiring 動取得している（現在分詞）

2 STEPS!
①選択肢を見てみると、品詞問題であることがわかる。②空所の後ろがa piece of landという名詞句なので(A)は除外。前に"has"があるので現在完了形にすればよいと見抜ければ、動詞の過去分詞の(C)を入れることで一件落着！

3 正解：(D)

046

問題文の訳：Hanson Enterprises は／評判を得ている／品質と信頼性で。

問題文： Hanson Enterprises has ------- a reputation for quality and reliability.

選択肢： (A) relied 動頼りにした（過去分詞） (B) allowed 動〜を許可した（過去分詞）
(C) enabled 動〜を可能にした（過去分詞） (D) earned 動〜を得た（過去分詞）

2 STEPS!
①選択肢と空所の前を見てみると、すべて現在完了形を作る動詞の過去分詞が並んでいるので、語彙問題であることがわかる。②後ろの目的語との相性のよい動詞を選ぼう。"reputation（評判）"は"earn（得る）"するものってことで(D)いっとこ！

使ってみよう 解答例

1

046

解答例 **Apparently, he earns 20 million yen a year.**

羨ましいかぎりでございます。さて、普通に考えたら年収＝2000万で第2文型っぽいけど、見出し語を使って第3文型で表現してみよう！「らしいよ」のニュアンスで“apparently”を付けられればバッチリ！　けど、そんなことより、ちゃんと“earn”が正しく使えたら50TPもってけ泥棒！……じゃなくて、未来の単語王っ！

2

050 048

解答例 **I seldom alter my jeans by myself.**

まあそりゃ自分でジーンズのお直しはなかなかやらないか？それはとにかく副詞“seldom”を入れる位置をここで覚えられたらいいね！　あとはシンプルに英語の基本、SVOの形で収めちゃおう。なんてったって英文の7割はSVOだ（リチャードの独断と偏見によると）。

3

047 048 049

解答例 **I propose (that) we make an alteration to the contract for the acquisition.**

固いっ！　……オホン、ゴホン、失礼、なんてビジネスシーンで役に立ちそうな文章なんだ！　難しくて知的な単語をこれ見よがしにガシガシ使っていこう！　I propose that ～で第3文型、that節の中身も第3文型だ！

Cycle 2 Unit 4

単語テスト

LEVEL 1

No.	Word	POS	Meaning	Synonyms	
1	complimentary	形	無料の	free / free of charge	053
2	preliminary	形	準備の	introductory / preparatory	052
3	dispute	動	～に反対する	oppose / object to	054
4	subscribe	動	定期購読する	buy regularly	051
5	reflect	動	～を反映する	show / display	055

LEVEL 2

No.	Word	POS	Meaning	Synonyms	
6	subscription	名	定期購読	membership	051
7	compliment	名	賛辞	commendation / praise	053
8	reflection	名	反映	(mirror) image	055

LEVEL 3

No.	Word	POS	Meaning	
9	membership	名	会員の身分	053
10	warehouse	名	倉庫	055

TOEIC形式問題

1 正解：(C)

051

問題文の訳：そのクリニックは／定期購読している／たくさんの雑誌を／患者が読めるように、／待合室で。
問題文：The clinic ------- to a number of magazines for patients to read in the waiting room.
選択肢：(A) subscriber 名 定期購読者 (B) subscription 名 定期購読
(C) subscribes 動 定期購読する（三人称単数現在）(D) subscribing 動 定期購している（現在分詞）

2 STEPS!
①選択肢を見てみると品詞問題！ ②空所の前は主語、後ろは前置詞＋名詞。③それなら自動詞でさらに前置詞 to がセットとなる (C) がピッタリ！ 三単現の "s" にも動じなーい。

2 正解：(B)

055

問題文の訳：変更が／調査報告書で推賞された、／反映されるだろう／新たな社員マニュアルに。
問題文：The changes recommended in the survey report will be ------- in the new employee manual.
選択肢：(A) reflection 名 反映 (B) reflected 動 反映される（過去分詞）
(C) reflective 形 反射する (D) reflector 名 反射板

3 STEPS!
①選択肢からして品詞問題。②空所の前後で判断したいところだが、前の be が鬼門。名詞の (A) と (D) は冠詞がないので除外できる。③残った (B) と (C) の意味勝負。受け身で「反映される」の "be reflected in" がよろしいようで (B) ！

3 正解：(B)

053

問題文の訳：無料の軽食が／提供されるだろう／来場者に、／Lundgren Sportsmart のグランドオープンでは。
問題文：------- refreshments will be served to visitors at the grand opening of Lundgren Sportsmart.
選択肢：(A) Voluntary 形 自発的な (B) Complimentary 形 無料の
(C) Tentative 形 試験的な (D) Entire 形 全体の

①選択肢を見てみると、すべて形容詞の語彙問題であることがわかる。②後ろに控えている "refreshment" は名詞で「軽食」。こらぁもう「無料の」軽食ってことで (B) しかありまへんがな！

使ってみよう 解答例

1

052

解答例 **A classmate got me a copy of the preliminary test.**

いい友達をもったな。持つべきは良い友と英語力だな。S V O_1 O_2。S「クラスメイトが」V「入手した」O_1「私に」O_2「予備模試のコピーを」という、第4文型に則った英語順思考に内容を委ねるだけ。身についてきたかな？　英語順思考。

2

054　053

解答例 **After a dispute, the hotel offered us a complimentary dinner.**

S V O_1 O_2のルートに乗るのはいいとして、肝となるVをどうするか？　解答例にもある"offer"なんていい感じではあるけど、困ったら"give"とかでもいいよ。"offer"よりは粗野な感じがしなくもないけど、言わないより50,000,000倍いいのだ！

3

053　051

解答例 **After receiving the complimentary issue, I gave the company a call to cancel my subscription.**

いちいち飾りの部分が難しいよね(笑)。とにかく、「私は電話をした」がSVのコアな部分。で、電話をするときの表現として第4文型の give someone a call を使うよ。V O_1 O_2の形になっているね。これや！　で、あとは飾りね。頑張ってくれ！

Cycle 2 Unit 5

単語テスト

LEVEL 1

1	evaluate	動 ～を評価する　assess / appraise	057
2	accommodate	動 ～を収容する／できる　hold / have room for	056
3	consider	動 ～と考える　think about / regard	058
4	fluctuate	動 変動する　change / vary	060
5	aspect	名 側面　part / point	059

LEVEL 2

6	accommodation	名 (通常複数形で)宿泊設備　housing / a place to stay	056
7	evaluation	名 評価　assessment / appraisal	057
8	considerable	形 かなりの　significant / substantial	058

LEVEL 3

9	banquet	名 宴会	056
10	manufacturer	名 製造業者	058

TOEIC形式問題

1 正解：(A)

059

問題文の訳：カスタマーサービスは／もっとも重要な側面の1つだ／成功しているすべての企業の。

問題文： Customer service is one of the most important ------- of any successful company.

選択肢： (A) aspects 名 側面（複数形） (B) consultations 名 相談（複数形）
(C) methods 名 方法（複数形） (D) relations 名 関係（複数形）

2 STEPS!
①選択肢を見てみると、すべて名詞の語彙問題であることがわかる。②カスタマーサービスは最も重要な……「側面」がベスト。(A)を選んでおきましょう！

2 正解：(D)

056

問題文の訳：A会議室は／無理なく収容できる／最大で20人まで。

問題文： Conference Room A can comfortably ------- up to 20 people.

選択肢： (A) accommodating 動 〜を収容している（現在分詞）、形 好意的な
(B) accommodation 名 施設
(C) accommodated 動 〜を収容した（過去形）、収容された（過去分詞）
(D) accommodate 動 〜を収容する

2 STEPS!
①選択肢を見てみると品詞問題。②品詞問題は空所の前後に注目！　前は副詞なのでスルーしてOK。後ろはup to 20 people（最大で20人まで）。つまり、助動詞と目的語に挟まれていると考えられるので、動詞の原形(D)が正解。

3 正解：(C)

060

問題文の訳：鋼鉄の価格は／上下する傾向がある／1年の内の時期によって（季節によって）。

問題文： The price of steel tends to ------- depending on the time of year.

選択肢： (A) participate 動 参加する (B) consider 動 〜をよく考える
(C) fluctuate 動 上下する (D) regard 動 〜を…と見なす

2 STEPS!
①選択肢を見てみると、すべて動詞の語彙問題であることがわかる。②鉄の値段は、何がちなんだ？「変動し」がちがよさそうですな。ガチで(C)カモンっ！

使ってみよう 解答例

1

058 057

解答例 **I consider his evaluation reasonable.**

動詞“consider”を使って第５文型ルートに乗る！　SはVするOがCだと。けど、Cに相当する「妥当」“reasonable”が難しかった！　とにかく英語順の仕組みがつかめたら、あとは勇気と度胸と折れない心だ！　そこは“good”でも“great”でも全然OK

2

058 060

解答例 **I consider it foolish to invest (at a time) when there is such considerable fluctuation in the economy.**

焦らず“I”から始めよう。世の中“I”さえあればなんとかなる。世界の中心で、いや文の先頭で“I”を叫ぼう！　そしてそのままVOCの流れに乗りつつ、“consider it ～ to do”で「do するには it を～と見なす」の構文へと乗りに乗っちゃえばノリノリで do の部分に“invest”、そして“when”でつないで「～なとき」でフィニッシュ！ カッコ内の“at a time”はなくてもOK ！

3

059

解答例 **Considering all aspects of the situation, I think we should keep our president's illness quiet for now.**

一番大事なのは keep O C に当てはめる部分だけど、いろいろと細かいことを言い始めれば、前置詞“considering”は使いこなせたか（動詞“consider”の分詞構文と捉えてもOK ！）？「側面」は“aspect”だぞ。I think は別になくてもいいな。「秘密」はもちろん“secret”でもいいけど、文の雰囲気的に“quiet”なんて大人な感じだぞ。

Cycle 2 Unit 6

単語テスト

LEVEL 1

1 implement 動 ～を実行する do / carry out 063

2 prohibit 動 ～を禁止する forbid / ban 065

3 fine 動 ～に罰金を課する penalize / charge 061

4 regarding 前 ～に関して about / concerning 062

5 accurate 形 (情報・計算などが)正確な precise / exact 064

LEVEL 2

6 fine 名 罰金 (financial) penalty / sanction 061

7 regard 動 ～について考える consider / see 062

8 accuracy 名 正確さ precision 064

LEVEL 3

9 distribute 動 ～を配布する 061

10 agreement 名 同意 063

TOEIC形式問題

1 正解：(C)

064

問題文の訳：効果的な決定を下すには、／計画部門は／必要とする／生産と売り上げの正確な数字を。

問題文： To make effective decisions, the planning department needs ------- figures from production and sales.

選択肢： (A) commercial 形 商業の　(B) dedicated 形 ひたむきな
(C) accurate 形 正確な　(D) resistant 形 抵抗する

3 STEPS!
①選択肢を見てみると、すべて形容詞の語彙問題であることがわかる。②空所の直後は修飾する対象の名詞 “figures（数字）”。③相性がいいのは「正確な」数字ってことで（C）にて一件落着！

2 正解：(B)

065

問題文の訳：無許可での使用は／このサイトにある写真についてはどれも／禁止されている。

問題文： The unauthorized use of any of the photographs on this site is -------.

選択肢： (A) prohibiting 動 ～を禁止している（現在分詞）(B) prohibited 動 禁止されている（過去分詞）　(C) prohibitive 形 禁止するための、途方もない
(D) prohibitively 副 禁止するために、途方もなく

3 STEPS!
①品詞問題！　②空所の後ろがない！　前のbe動詞との相性で考える。（A）は後ろに目的語がないとだめ、（D）の副詞も除外。③（B）と（C）の意味勝負で、「禁止されている」の（B）！

3 正解：(B)

063

問題文の訳：Churchill Auto Parts は／実施している／一時的な工場閉鎖を、／原因を探るために／いくつかの欠陥の。

問題文： Churchill Auto Parts is ------- a temporary shutdown of its factory to find the cause of some defects.

選択肢： (A) alternating 動 ～を交代で行っている（現在分詞）、形 交互の
(B) implementing 動 ～を実施している（現在分詞）
(C) impacting 動 ～に影響を与えている（現在分詞）(D) remaining 動 ～のままでいる（現在分詞）、形 残りの

2 STEPS!
①選択肢と空所の前を見てみると、すべて進行形を作る動詞の語彙問題であることがわかる。②Churchill Auto Partsは一時的な工場の閉鎖を……「実行する」で意味が通るので（B）！

使ってみよう 解答例

1

061

解答例 **I noticed an official implying that there would be a fine for late payment.**

知覚動詞です。知覚動詞ってさ、あんまり使わな…モゴモゴ。いや、でも第５文型はさらっと使いこなせることが大事で、その理解を固めるのに知覚動詞は避けて通れん。この文章も自然です。「その職員が」から始まっているけど、本当の主語は「私」であることを見抜こう！

2

063

解答例 **I can easily imagine our boss implementing that crazy idea.**

勢いのある上司をお持ちのようですな。ぶっ飛んだ上司に有能な部下が付くと会社は伸びます！　部下が泣くけど。とこれはビジネス書じゃない、語学書だ。この文も動詞が見えればすべてが見えるね。「目に浮かぶ」が、あ、“imagine”でいける！　と繋がれば流れるように英文が出てくるはず！

3

062

解答例 **I heard them talking about something regarding a new staff.**

動詞はもう“hear”でよさそうなので、難しく考えすぎずSVOCの流れに乗っていこう！　最後に「ついて」の“regarding”で「新しいスタッフ」“a new staff”を繋いでお・し・ま・い・よ。

Cycle 2 Unit 7

単語テスト

LEVEL 1

1 avoid　動 ～を避ける　keep away from / stay away from / escape　067

2 permit　動 ～を許可する　allow / authorize　068

3 debt　名 借金　outstanding payment / dues　066

4 specify　動 ～を詳細に述べる　describe / detail　070

5 pile　名 (同種の物の)山　stack / heap　069

LEVEL 2

6 permit　名 許可証　license　068

7 pile　動 (物など)を積み上げる　stack / accumulate　069

8 specific　形 明確な　particular / distinct　070

LEVEL 3

9 construction　名 工事　068

10 claim　名 申し立て　070

TOEIC形式問題

1 正解：(D)

068

問題文の訳：Coleton 市は／許可している／住民に／路上駐車をすることを／住宅街では。
問題文：Coleton City ------- residents to park their vehicles along the street in residential areas.
選択肢：(A) permission 名 許可　(B) permissive 形 許される
(C) permitting 動 ～に許可している（現在分詞）(D) permits 動 ～に許可する（三人称単数現在））

2 STEPS!
①選択肢を見てみるとみんな大好き品詞問題であることがわかる。②品詞問題は空所の前後！　前は名詞、後ろも名詞、これは主語と目的語だーってことで空所には動詞を入れてSVOのパズルは完成。（D）でよろしく！

2 正解：(D)

070

問題文の訳：この芝刈り機の使用説明書は／明記している／高純度のモーターオイルの使用を。
問題文：The lawnmower's operating instructions ------- the use of high-grade motor oils.
選択肢：(A) specific 形 明確な　(B) specifically 副 明確に
(C) specifications 名 仕様（書）　(D) specify 動 ～を明記する

2 STEPS!
①選択肢を見てみると品詞問題であることがわかる。②空所の前後が決め手！ 長いが前は名詞の固まり、後ろも名詞、1と同パターンの主語と目的語だ！　よって空所には動詞（D）でドン！

3 正解：(A)

067

問題文の訳：ハイカーは／避けるべきだ／川を横断するコースは／大雨の直後は。
問題文：Hikers should ------- trails that cross rivers immediately after heavy rainfall.
選択肢：(A) avoid 動 ～を避ける　(B) avoidable 形 避けられる
(C) avoidance 名 回避　(D) avoidably 副 回避可能に

2 STEPS!
①選択肢を見てみると品詞問題であることがわかる。②さあ空所の前後で勝負！　直前が助動詞なので動詞の原形！　一応後ろも確認してみると、名詞で目的語になるから他動詞の（A）でバッチリじゃいっ！

使ってみよう 解答例

1

067

解答例 **I had him avoid smoking in front of kids.**

「してもらった」んだから使役動詞の"have"で攻めたいところ。でも文の意味的に「避けさせた」と捉えても自然だから、"make"でもいいね。補語であるCには動詞の原形。見出し語にあった"avoid"を使おう！　子供にタバコの副流煙はよくない！

2

070

解答例 **I let my girlfriend specify whatever brand she wants.**

太っ腹な彼氏。ヴィ○ンでもグッ○でもお構いなし！「自由にさせてあげる」ときは自由の象徴"let"でいこう！　補語にもう一度動詞を使うのがこの使役動詞。見出し語の"specify"を使って銘柄を特定させてあげよう。でも、愛はお金では買えないことは忘れちゃダメだぞ！

3

069 070

解答例 **She made me search through a pile of books to get some specific information.**

「強制的にさせる」のは"make"だ。解答例のように補語に"search"を使った場合はその目的語に"a pile of books"がくるけど、"find"を使った場合は目的語は"some specific information"。そうすると"She made me find some specific information from a pile of books."これもかなり自然だ。

Cycle 2 大単語テスト

Level 4

1	accommodate	動 ～を収容する／できる　hold / have room for	056
2	subscription	名 定期購読　membership	051
3	acquisition	名 獲得　obtainment	049
4	prohibit	動 ～を禁止する　forbid / ban	065
5	evaluation	名 評価　assessment / appraisal	057
6	reimbursement	名 返済　refund / compensation	041
7	compliment	名 賛辞　commendation / praise	053
8	alter	動 ～を変える　change / adjust	048
9	considerable	形 かなりの　significant / substantial	058
10	dedicate	動 (時間や労力)を捧げる　devote / commit	043

Level 5

11	distribute	動 ～を配布する	061
12	contribution	名 貢献	038
13	preserve	動 ～を保護する	047
14	warehouse	名 倉庫	055
15	construction	名 工事	068
16	banquet	名 宴会	056
17	insurance	名 保険	041
18	manufacturer	名 製造業者	058

Cycle 3 Unit 1

単語テスト

LEVEL 1

1	ordinary	形 普通の usual / typical	075
2	merge	動 合併する combine / unite	073
3	correspond	動 一致する match / accord	072
4	headquarters	名 本部 head office / main office	071
5	refer	動 言及する mention / consult	074

LEVEL 2

6	correspondence	名 手紙 documents	072
7	merger	名 (吸収)合併 union / incorporation	073
8	reference	名 言及した事柄 source / information	074

LEVEL 3

9	compensation	名 補償	071
10	following	形 次の	074

TOEIC形式問題

1 正解：(D)

074

問題文の訳：その記事は／経済誌に寄稿された、／はっきりと言及している／その保険会社に。

問題文：The article contributed to the economic journal is clearly ------- to the insurance company.

選択肢：(A) reference 名 言及　(B) referee 名 レフェリー
(C) refers 動 言及する(三人称単数現在)　(D) referring 動 言及している(現在分詞)

3 STEPS!
①選択肢から品詞問題。②空所の前後で勝負だが、直前の副詞は修飾語なのでスルーして考えよう。③be動詞と前置詞に挟まれているので、動詞の進行形を作る自動詞(D)で解決なり！

2 正解：(A)

072

問題文の訳：必ずしてください、／オペレーターに告げる部品番号は／一致させることを／必要な部品と。

問題文：Please make sure that the part number you give the operator ------- to the part you need.

選択肢：(A) corresponds 動 一致する（三人称単数現在）(B) affects 動 ～に影響する（三人称単数現在）(C) promises 動 ～を約束する（三人称単数現在）(D) nominates 動 ～を候補として指名する（三人称単数現在）

3 STEPS!
①選択肢から動詞の語彙問題。②なんと直前の“operator”は“part number”を修飾する関係代名詞節の一部（汗）。③部品番号は部品と「一致する」の骨組みを見抜いて(A)を選ぶ！ 難題！

3 正解：(D)

問題文の訳：Clifford Manufacturing と Neumann Parts は／6月に合併して／引っ越す／新たな住所に。

問題文：Clifford Manufacturing and Neumann Parts will ------- in June and move to a new address.

選択肢：(A) initialize 動 ～を初期化する　(B) expire 動 有効期限が切れる
(C) categorize 動 ～を分類する　(D) merge 動 合併する

3 STEPS!
①選択肢から語彙問題だとわかる。②空所の後ろが前置詞なので、自動詞狙いで(B)と(D)に一応絞れるが、語彙問題なので意味勝負。③主語が2つの固有名詞なので、(D)の“合併する”がピッタリ！

使ってみよう 解答例

1

解答例 **This item doesn't correspond to the sample, so I would like to return it.** 072

見出し語の "correspond" を使って経験値を上げたい例文！"correspond" は自動詞なので、前置詞 "to" で名詞と繋いで第1文型のできあがり。主語は日本語だと省略されがちだが、「この商品」あたりだろう。後半の動詞は "return" が一般的。これは他動詞なので直後に目的語として名詞を置いて、第3文型ですな！

2

074

解答例 **She doesn't mention my name, but I think she's referring to me in this letter.**

なにこれ陰湿な手紙ってこと？　それか大人の優しさですね。さて、主語は「彼女」"she" としつつ、「と思う」とあるので、I think で囲ってよさそうだね。で、大人の優しさってことで、見出し語の "refer" という知的な表現がぴったり。使ってモノにする。実践に勝る修行はなし！

3

073 071

解答例 **We are going to merge with a different company so that our headquarters will be in Tokyo from next month.**

結構急な話でございます。さあ！ "merge" と "headquarters" を使おう！　ビジネスシーンはもちろん TOEIC にもめっちゃ出てくる単語だね！ "merge" は自動詞だから前置詞で繋いで merge with 別の会社。「～するから」の部分は接続詞 "so" で繋いで2文で表現しよう！

Cycle 3 **Unit 2**

単語テスト

LEVEL 1

1	respond	動 返答する　reply / react	079
2	consequence	名 結果　result / outcome	077
3	perform	動 ～をする　do / carry out	080
4	mutual	形 相互の　common / shared	076
5	contradiction	名 矛盾　inconsistency / discrepancy	078

LEVEL 2

6	mutually	副 相互に　reciprocally	076
7	response	名 返答　reply / reaction	079
8	performance	名 演技　show / concert	080

LEVEL 3

9	immediately	副 即座に	077
10	maintenance	名 整備	080

TOEIC形式問題

1 正解：(B)

078

問題文の訳：食い違いがある／2カ国の言語で書かれた内容に／このトースターの使用説明書の。

問題文： There is a ------- between the two language versions of the toaster's user manual.

選択肢： (A) necessity 名 必要（性） (B) contradiction 名 矛盾
(C) registration 名 登録 (D) sufficiency 名 充足

2 STEPS!
①選択肢から語彙問題だとわかる。②後ろに“between 2つのもの”とあるので、意味的に (B) がピッタリ！

2 正解：(C)

080

問題文の訳：会社の方針は／推奨している／ITスタッフがメンテナンスすることを／コンピューターのサーバーの／月1回。

問題文： Company policy recommends that IT staff ------- maintenance on the computer server once a month.

選択肢： (A) performance 名 上演、業績 (B) performer 名 演奏者、役者
(C) perform 動 〜を行う (D) performing 動 〜を行っている（現在分詞）

2 STEPS!
①選択肢から品詞問題であることを確認。②空所の前後を見て、主語と目的語に挟まれているので動詞の (C)！ なぜ原形になっているかというと“recommend”のような提案や要求を表す動詞に続くthat節の中の動詞は原形になるのです。

3 正解：(A)

077

問題文の訳：取締役会は／1週間かけた／その影響について熟慮するのに、／決定する前に／企業名を変更することを。

問題文： The board of directors took a week to consider the ------- before deciding to change the company's name.

選択肢： (A) consequences 名 結果、成り行き、影響（複数形） (B) unifications 名 統合
(C) supervisions 名 管理（複数形） (D) representations 名 表現されたもの、絵画、肖像、彫像（複数形）

2 STEPS!
①選択肢から名詞の語彙問題だとわかる。②文全体の意味を考える必要があるので難しいけど、会社の名前を変えることに結び付けて最も しっくりくる単語は「結果（影響）」で (A)！

使ってみよう 解答例

1

076

解答例 **I didn't know (that) he was a mutual friend.**

私は知らなかった that以下の内容を、が英語順思考。その上で"that"は省略可でございます。that節の中身が第2文型になるね。共通の友達は a mutual friend と覚えておこう！

2

080 079

解答例 **After watching the performance, our boss suddenly became responsive to people's suggestions.**

どんな公演だったのかはわからないけど、ボスの心を動かしたんだね～。出だしはafter ～ ingという前置詞句で飾れば、あとはメインディッシュの第2文型。「～になった」は"become"がいいですな。動詞が見えれば全部見えたも同然だ！

3

078

解答例 **Various contradictions in the witness's testimony/statement remained unsolved.**

「～のまま」は"remain"がよさそう。ルートは完全に見えた。目撃者の証言のさまざまな矛盾 remained 未解決～！　英語の語順が感じられれば、もうこれは英語でしゃべってるのと一緒。あとは単語を当てはめるだけで、ここはできなくても知識の問題なので、大した問題じゃない。あ、でも学習した"contradiction"は使おうね！

Cycle 3 Unit 3

単語テスト

LEVEL 1

1 associate 動 ～を関係させる connect / relate 083

2 productive 形 生産的な profitable / fruitful 081

3 acknowledge 動 ～を認める accept / recognize 082

4 itinerary 名 旅行日程(表) schedule / travel plan 085

5 concern 動 ～を心配させる worry / bother 084

LEVEL 2

6 production 名 製造 manufacture / creation 081

7 associate 名 仲間 coworker / colleague 083

8 concerning 前 ～に関して about / regarding 084

LEVEL 3

9 weather 名 天気 083

10 according to ~ 前 ～によれば 085

TOEIC形式問題

1 正解：(D)

085

問題文の訳：旅程表によると、／このツアーは／立ち寄ることになっている／Captain's Arms シーフードレストランに／ランチに。

問題文：According to the -------, the tour will visit Captain's Arms seafood restaurant for lunch.

選択肢：(A) impression 名 印象　(B) substance 名 物質
(C) vacancy 名 空位、空席、欠員　(D) itinerary 名 旅程（表）

2 STEPS!
①選択肢から名詞の語彙問題だとわかる。②"according to ～（～によると）"ときたら、文脈上（D）に敵なし！

2 正解：(B)

081

問題文の訳：Stanton は／最も生産性が高い／会社の 3 つの製造工場のうちで。

問題文：Stanton is the most ------- of the company's three manufacturing plants.

選択肢：(A) product 名 製品　(B) productive 形 生産性の高い
(C) production 名 生産　(D) productively 副 生産的に

3 STEPS!
①選択肢を見てみると、品詞問題！　②空所の前後で勝負。"most" は副詞も形容詞もあるので、名詞の（A）（C）、形容詞の（B）が生き残ってしまう。③（A）は単数形だから most の後ろには不適切、（C）は不可算名詞なのでギリオッケーだけど、意味が通らない。よって（B）！

3 正解：(C)

082

問題文の訳：Cho さんは／認められた／尽力したことを／準備するために／年 1 回のフェスティバルの／Milwaukie での。

問題文：Mr. Cho was ------- for his efforts to organize an annual art festival in Milwaukie.

選択肢：(A) simulated 動 装われた、まねられた（過去分詞）(B) responded 動 返答された（過去分詞）
(C) acknowledged 動 認められた（過去分詞）(D) satisfied 動 満足させられた（過去分詞）

2 STEPS!
①選択肢と空所の前を見てみると受け身を作る動詞の語彙問題であることがわかる。② Cho さんは彼の努力を……「認められた」となればよさそう。ってことで（C）！

使ってみよう 解答例

1

082 085

解答例 **I acknowledged my receipt of the itinerary.**

第3文型〜！　はもちろんだが、これに関しては“acknowledge (one’s) receipt of 〜”の表現を知っていることが大事。TOEICにも出てくるし、普通に使えたらかっこいいので、これを期に使えるようになっておこうっ！　成長は楽しい！

2

081

解答例 **Say something more productive.**

どぎつい一言。いいじゃないですか、無駄なこと言ったって。おれの授業の1/3は無駄話な気がす……。あ、解説も半分が無駄話に。ポイントは2つ。命令文なので、動詞の原形から始めること。そして「〜なこと」って言いたいときは something 形容詞が使いやすいよ。〜 thingは後ろに形容詞を取るんだね〜。

3

083

解答例 **Kids associate hospitals with shots and medicine.**

これも表現を使って覚える！ associate A with B で Aから B を連想する。ここで「ふーん」で終わりにせずに、使ってみるから使えるようになるんだぞ！　注射は“injection”でもいいけど、“shot”が口語ではよく使われるね。必殺技みたいでかっこいいね！

Cycle 3 Unit 4

単語テスト

LEVEL 1

1 durable 形 丈夫な long-lasting / strong 089

2 reasonable 形 手頃な affordable / competitive 086

3 assign 動 ～を割り当てる allocate / allot 087

4 substantial 形 かなりの significant / considerable 090

5 revenue 名 (通常複数形で)(会社の)総利益 profit / earnings 088

LEVEL 2

6 reasonably 副 適切に properly / appropriately 086

7 assignment 名 割り当てられた仕事 task / job 087

8 substantially 副 相当に significantly / considerably 090

LEVEL 3

9 estimate 動 ～だと推定する 088

10 saving 名 節約 090

TOEIC形式問題

1 正解：(A)

089

問題文の訳：Marineline の船舶用エンジンは／より耐久性に優れている／市場のほかのどのエンジンよりも。

問題文： Marineline boat engines are more ------- than any other engines on the market.

選択肢： (A) durable 形 耐久性のある　(B) previous 形 以前の
(C) additional 形 追加の　(D) fictional 形 架空の

2 STEPS!
①選択肢から形容詞の語彙問題だとわかる。② Marineline のボートエンジンはより……「耐久性がある」がベスト。あとの語だと意味が通らないので (A) ！

2 正解：(C)

087

問題文の訳：各サービス技術者は／割り当てられている／工具一式を／車に備え付けている。

問題文： Each service technician is ------- a set of tools, which they keep in their vehicles.

選択肢： (A) urged 動 催促される（過去分詞） (B) respected 動 尊敬される（過去分詞）、形 評判の高い
(C) assigned 動 割り当てられる（過去分詞） (D) summarized 動 要約される（過去分詞）

2 STEPS!
①選択肢と空所の前を見てみるとすべて受け身を作る動詞の語彙問題であることがわかる。②受け身であるにもかかわらず後ろに名詞が来ているということは……こりゃ第4文型を作れる (C) しか許されまへん！

3 正解：(A)

086

問題文の訳：Vancouver ホテルは／知られている／手頃な料金と最新式の設備で。

問題文： Hotel Vancouver is known for its ------- rates and modern facilities.

選択肢： (A) reasonable 形 手頃な　(B) reason 名 理由
(C) reasoning 名 推理　(D) reasonably 副 程よく

2 STEPS!
①選択肢から品詞問題だとわかる。②空所の前後は所有格代名詞 "its" と名詞 "rates"。訳すと「その～料金」。ここに入れられそうなのは形容詞！　カモ～ン形容詞！　ここでは「手頃な」を表す (A) が正解だ！

使ってみよう 解答例

1

089 086

解答例 **Find me a more durable chair for a reasonable price next time.**

普通に第３文型でもいけるけど、あえて第４文型にすることで「私のために」感が強調されて、命令文とも相性のいい文章になる。で、命令文なので動詞の原形からスタート！　あとは英語順の構造の中で見出し語の形容詞もバンバン使って飾っていこう！

2

087 090

解答例 **My boss assigned me a really easy job for the next three months, so I will have a substantial amount of spare time.**

さあ、第４文型にどんどん慣れていこう！　知ってるのと使えるのは違うからね。見出し語の "assign" を使って、assign O_1 O_2!「向こう」は "next" でいいんだけど、喋るとき浮かばなかったらそういう細かいものは飛ばしてよし！　あとは今回は "substantial" を使いたいところだったけど、"I have a lot of time." だって完璧だ！

3

088

解答例 **The association sent a children's hospital 70 percent of the revenue generated by the ticket sales.**

さあ仕上げのSVOO!　意外と便利でしょ？　第４文型。「チケット販売から得た」の修飾句は難しいけど、あくまで修飾句。あってもなくても文のコアな部分には影響しない。ここは分詞形容詞句ってやつで、できたらすばらしいけど、今回は "The association sent a hospital the revenue." がブレてなければ100点満点なのだ。

Cycle 3 Unit 5

単語テスト

LEVEL 1

1	consecutive	形 連続した successive / continuous	092
2	vacate	動 ～を空ける leave / evacuate	095
3	division	名 区分 department / section	094
4	benefit	動 ～のためになる be advantageous to / profit	091
5	approximate	形 おおよその rough / estimated	093

LEVEL 2

6	beneficial	形 有益な helpful / advantageous	091
7	approximately	副 おおよそ about / roughly	093
8	vacant	形 空いている empty / available	095

LEVEL 3

9	transfer	動 ～を移動(異動)させる	094
10	resident	名 住民	095

TOEIC形式問題

1 正解：(B)

092

問題文の訳：Miles Goodall は／受賞した／年間最優秀社員賞を／3年連続で。

問題文： Miles Goodall has won the employee-of-the-year award for three ------- years.

選択肢： (A) respective 形 個々の　(B) consecutive 形 連続した
(C) convenient 形 便利な　(D) adequate 形 十分な

2 STEPS!
①選択肢を見てみるとすべて形容詞の語彙問題であることがわかる。②(B)を選べば「3年連続で」がきれいに完成！　空所の前の数字を目にした時点で(B)の匂いを嗅ぎ取ろう！

2 正解：(A)

091

問題文の訳：重要である／顧客が理解してくれることが／利点を／最新モデルにアップグレードすることの。

問題文： It is important that customers understand the ------- of upgrading to the latest model.

選択肢： (A) benefit 名 利益、利点　(B) beneficial 形 有益な
(C) beneficially 副 有益に　(D) benefited 動 利益を得た（過去形）

2 STEPS!
①選択肢を見てみると品詞問題であることがわかる。②冠詞 "the" と前置詞 "of" に挟まれておる！　こりゃもう名詞しか入るスキマがない！　どれだどれだ名詞～……(A)ですな！

3 正解：(C)

093

問題文の訳：2年ほどかかるだろう／完成させるには／新しい橋の工事を／Gudgeon 川にかかる。

問題文： It will take ------- two years to complete construction of a new bridge over the Gudgeon River.

選択肢： (A) approximation 名 およその数（量）(B) approximate 形 およその
(C) approximately 副 およそ (D) approximating 動 ～を概算している（現在分詞）

2 STEPS!
①選択肢を見てみると、品詞問題であることがわかる。②空所の前後には動詞と目的語という文を作る要素がそろっている。これは何を意味するのか？　そう空所にはあってもなくてもいい「飾り」が入るのだ！ 副詞の(C)がピッタリンコ！

使ってみよう 解答例

1

092

解答例 **Consecutive drinking parties made me exhausted.**

英語順の構造に言い換え！ SV思考、とりわけここはSVOC思考ということだね。ではでは、英語脳オン！　連続した飲み会が、させた、私を、疲弊した。O＝Cなので、私＝疲弊した、でいいよね。というわけで、解答例のような英語がスラスラ〜。「飲み会」は“party”だけでもいいし、「疲れた」は“tired”もちろんOKよ！

2

094 095

解答例 **I couldn't find the right candidate for the division, so I left the position vacant.**

むむ、後半が第５文型の構造っぽいな、とにらめたらイングリッシュマスター！　が！　て、てて適任者？　こういうときは一生懸命単語を探そうとしすぎず、柔軟に。解答例のように「適切な候補者」“right candidate”としてもいいし、まだ難しければ“good person”とかでも全然オーケー！　知ってる単語で勝負できるから、新しい単語を覚える意味があるのだ！（名言誕生）

3

091

解答例 **I found the cost for the training reasonable and was sure it would benefit the division.**

これは別解もたくさんありそうだ。あくまで解答例は一例だからね。第５文型をマスターしたいということで“find”をチョイス。(←日本語英語。ほんとはチューズ)。I found the cost お手頃、が見えればオッケイ！　後半はI(省略されている)was sureの代わりにI was certainでも、I knewでも続くthat節の内容を受けられるぞ。

Cycle 3 Unit 6

単語テスト

LEVEL 1

1 entitle　動 ～に資格を与える　qualify / authorize　096

2 respectively　副 それぞれ　each / individually　098

3 assemble　動 ～を集める　gather / build　100

4 defect　名 欠陥　flaw / malfunction　099

5 eligible　形 ふさわしい　qualified / suitable　097

LEVEL 2

6 eligibility　名 適任(性)　qualification / ability　097

7 defective　形 欠陥のある　faulty / broken　099

8 assembly　名 集まり　gathering / meeting　100

LEVEL 3

9 coupon　名 クーポン　096

10 benefit　名 手当　097

TOEIC形式問題

1 正解：(A)

100

問題文の訳：Tulloxの家具はどれも／組み立てられる／20分未満で。
問題文：Any piece of Tullox furniture can be ------- in under 20 minutes.
選択肢：(A) assembled 動 組み立てられる（過去分詞）(B) assembly 名 議会
(C) assembling 動 集まっている（現在分詞）(D) assemble 動 ～を組み立てる

2 STEPS!
①選択肢を見てみると品詞問題であることがわかる。②"furniture"は不可算名詞で"a piece of ～"を付けて数えるんだねーは置いておいて、be動詞の後ろに続けられるのは(A)と(C)。(C)だと後ろに目的語が必要になるので答えは(A)っ！

2 正解：(A)

098

問題文の訳：ルームAとルームBは／十分な座席がある／100人分と150人分の／それぞれ。
問題文：Room A and Room B have enough seats for 100 and 150 people, -------.
選択肢：(A) respectively 副 それぞれ　(B) anonymously 副 匿名で
(C) significantly 副 著しく　(D) greatly 副 大いに

2 STEPS!
①選択肢と空所の前を見てみるとすべて副詞の語彙問題であることがわかる。②主語がA and Bの形で、文末に使われている……そうなると(A)の"respectively（それぞれ）"っきゃない！

3 正解：(D)

097

問題文の訳：Carmen Car Rentalは／大幅な値引きをする／運転免許を持っている人（運転免許保有者）には。
問題文：Carmen Car Rental has heavily discounted rates for ------- drivers.
選択肢：(A) eventual 形 最終的な　(B) formal 形 正式の
(C) pleasurable 形 楽しい　(D) eligible 形 適格の、資格のある

2 STEPS!
①選択肢と空所の前を見てみるとすべて形容詞の語彙問題。②Carmen Car Rentalは大幅な値下げを用意している……ときて、誰に？「資格のある（条件に合う）」ドライバーたちにってことで(D)ですな！

使ってみよう 解答例

1

096

解答例 **I noticed a coupon entitling customers to a complimentary beverage.**

気づけてよかったね！　フリードリンクゲットだ！ってことで“free drink”でもいいんだけど、“complimentary beverage”で攻め込めたら、キミは単語ランクで言ったら「単語侍」以上のランクの方とお見受けした。と、この辺が単語の面白さだけど、ちゃんと知覚動詞の第５文型は大丈夫だった？

2

100

解答例 **We watched/observed state-of-the-art machines assembling automobiles at the factory.**

コアとなる知覚動詞は“watch”でも“observe”でもいいね。単語力的には「最先端の」の部分が力の見せ所。“latest”でも“advanced”でもいいよ。

3

099

解答例 **I saw my friend returning a product with some defects.**

よく見ただけでそこまでわかったなって話だけど、ツッコミは置いておいて、表現しきろう！「返品する」は“return”が一般的。こいつを補語に使おう。とはいえこの文型では補語が分詞なので、さらにここから目的語を伴う！　で、それが「欠陥のある商品」。ターゲットの“defect”は名詞なので、「商品」“product”に前置詞で繋ごう！

Cycle 3 Unit 7

単語テスト

LEVEL 1

1 persuade 動 ～を説得する convince / talk into 104

2 personnel 名 全職員 staff / employee 102

3 audit 動 ～に会計検査をする check / examine 103

4 encounter 動 ～に出合う face / run into 101

5 adopt 動 ～を採用する choose / introduce 105

LEVEL 2

6 auditor 名 会計監査官 inspector 103

7 persuasive 形 説得力のある convincing 104

8 adoption 名 採用 selection / introduction 105

LEVEL 3

9 vendor 名 納入業者 101

10 reliable 形 信頼できる 102

TOEIC形式問題

1 正解：(B)

101

問題文の訳：その病院のグランドオープンは／遅れた、／建設会社が／遭遇したために／いくつかの技術的な困難に。

問題文：The grand opening of the hospital was delayed because the construction company ------- some technical difficulties.

選択肢：(A) distributed 動 ～を分配した（過去形） (B) encountered 動 ～に遭遇した（過去形） (C) represented 動 ～を代表した、～を表した（過去形） (D) appreciated 動 ～の価値を認めた（過去形）

2 STEPS!
①選択肢から動詞の語彙問題だとわかる。②接続詞 because の後ろを見てみると、建設会社は技術的な問題に……「遭遇した」だと意味が通じるので、(B) で決まり！

2 正解：(C)

102

問題文の訳：すべての職員は／取得しなくてはならない／必要な資格を／重機を操作する前に。

問題文：All ------- must obtain the necessary qualifications before operating heavy machinery.

選択肢：(A) commerce 名 商業 (B) equipment 名 装備
(C) personnel 名 職員 (D) literature 名 文学、文献

2 STEPS!
①選択肢から名詞の語彙問題であることがわかる。②主語が抜けていて、文意を考えると、必要な資格を獲得しないといけないのは…… (C) 以外は人じゃないので、(C) で決定！

3 正解：(B)

103

問題文の訳：会計士は／検査した／各部署の財務記録を／先週。

問題文：The accountants ------- the financial records of each department last week.

選択肢：(A) audit 動 (会計簿など)を検査する、名 会計検査 (B) audited 動 (会計簿など)を検査した（過去形）
(C) auditing 動 (会計簿など) を検査している（現在分詞） (D) auditor 名 監査役

3 STEPS!
①選択肢から品詞問題だとわかる。②空欄前後勝負！ 主語と目的語に挟まれているので余裕の動詞 (A) ！ ③いや、待てよ (B) ？ 文末を見ると “last week”。危なかった～、過去形の (B) ！

使ってみよう 解答例

1

103 101

解答例 **An internal auditor let the company know that they had encountered a problem.**

これは一瞬どの使役動詞を使うのか迷うけど、「自由にさせてあげる」の“let”なんだよね。let someone know で「知らせる」っていうのはお決まりの表現。この表現がしっくりきてて、あとはさらにknowがthat節と相性がいいことも知っていれば、川の流れのように完全英語のフローに乗っていけたんじゃないかな。“encounter”の代わりに“face”や“run into”“find”なんかもいいね。

2

104

解答例 **My friends helped me persuade my girlfriend not to break up with me.**

いい友達たちだね。末長くお幸せに！　けど、友人で囲んで説得してもそう長くは続かないんじゃ…ってそんな心配はいいか。今回は使役動詞と同じ使い方をする“help”を使ってみよう！　で、補語“persuade”からの流れだけど、persuade 人 to doで、人にdoするように説得する。今回は“not”をうまく入れて、doしないように、とする作戦で！

3

102 105

解答例 **You should get the personnel manager to adopt the proposal.**

使役動詞の中でも補語に動詞の原形ではなく、to不定詞＋動詞の原形を取る“get”が今回の「してもらう」のニュアンスにピッタリ。“get”ゲーット！　というわけで補語の位置に“to adopt”を置く。“adopt”は他動詞だから目的語の「提案」“proposal”が来て……と、いつだって、動詞の扱いを把握すればこっちのものよ！

Cycle 3 大単語テスト

Level 4

1	eligibility	名 適任(性)　qualification / ability	097
2	defective	形 欠陥のある　faulty / broken	099
3	correspondence	名 手紙　documents	072
4	concerning	前 ～に関して　about / regarding	084
5	vacant	形 空いている　empty / available	095
6	persuasive	形 説得力のある　convincing	104
7	adoption	名 採用　selection / introduction	105
8	substantially	副 相当に　significantly / considerably	090
9	reasonably	副 適切に　properly / appropriately	086
10	approximate	形 おおよその　rough / estimated	093

Level 5

No.	Word	Meaning	Ref
11	vendor	名 納入業者	101
12	maintenance	名 整備	080
13	resident	名 住民	095
14	according to ~	前 ～によれば	085
15	compensation	名 補償	071
16	reliable	形 信頼できる	102
17	estimate	動 ～だと推定する	088
18	benefit	名 手当	097

INDEX

凡例

account	見出し語
cause	見出し語の言い換え表現
accounting	関連語
finance	関連語の言い換え表現
merchandise	デル単(TOEICテスト頻出英単語)

※001などの数字は、単語カードの番号(カード左上の白抜き数字)を表します。
※P040①などの数字は、デル単が含まれる「TOEIC L&Rテスト形式問題！」の問題文の掲載ページ、丸数字は問題番号を表します。

B

C

Q

R

S

T

401

おわりに（？）

いやー、おつかれさま！

単語王ポイントは
集計したかな？
どんな結果
だったかな？

頑張ったね！
You have learned a lot!
Well done!

あーここで
終わりか～！

終わり
じゃない

え～～～～～!?

ものごとは
覚えて忘れてを
8回繰り返して

ようやく
瞬発的に意味が
出てくる
「長期記憶」
になる

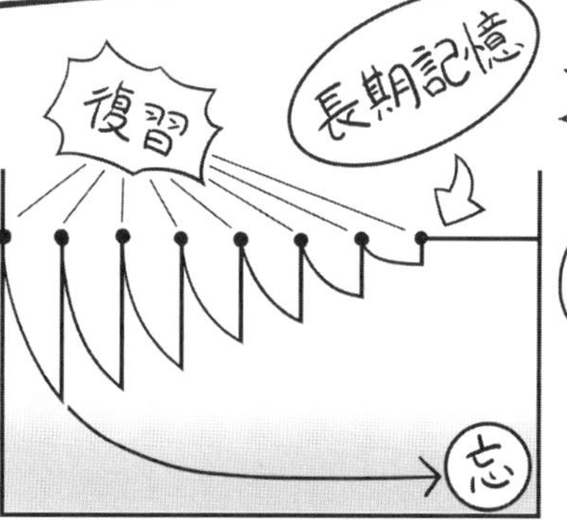

どっかに
って……

要は、繰り返し
体験して慣れて
当たり前にする
知っててもパッと出てこなきゃ
TOEICじゃ時間足りないし
会話にだって使えない
だから
Cycle1から
出直して
こいやァ〜〜!!
まさかの
ちゃぶ台
返し〜！？
バァーン
だって
振り返ってみ？
S
V
O
見出し語、言い換え語、関連語
関連語の言い換え語、デル単
それぞれの発音に、

文型にからめた使い方、
TOEIC形式問題での実践……
一回で修得できるやつ
なんていないって
そらそやなー
そしてこれ全部ちゃんと
修得したらすごいな
まじですごいよ
すべてが実用的に繋がった
知識になるんだから
やりっぱなしじゃ
もったいないな
やったらやっただけ
力になる!
うわー
打ち切りの少年漫画
みたいな終わり方に
なったー
君たちの戦いは
今始まったばかりだ!

まったねぇ〜!

再チャレンジ待ってるぞ!!

RK English Schoolでも待ってるぞ!

あとがき

みなさんお疲れ様っ!!!!（この本はほんとに何周もやってほしいけど）
さて、あとがき……というと急にさみしい気持ちになってしまうけど、「あとがき」です（涙）。

この本は、おれがカナダのバンクーバーで、99 Instituteという TOEIC 専門校で講師をしていたときに、血と汗と涙で作った「単語王」という教材が元になっています。なので、その歴史はおれが初めて出版した『バンクーバー 発音の鬼が日本人のためにまとめた ネイティブ発音のコツ33』よりさらに前にさかのぼります。「王」とか「鬼」とかすげーな、ほんと。当時はまだ先生になりたてのころで、とにかく生徒の反応にワクワクして、毎日ろくに寝ないで頑張ってたなー（涙涙涙）。そして実は今も寝れてない……まったく単語王ってやつは。

当時の生徒からは、「単語王のおかげで」とか「単語王だけは取ってあります！」という風に今でも言われたりします。そんなこんなで今作は特にいろいろと感慨深いです。まさか当時、こんな風にたんごくんと全国を暴れ回ることになる日が来るなんて夢にも思っていませんでした！　な、たんごくん！（涙）

この出版企画を持ち出してくれたのも、当時の生徒の Asuka！　そして、担当してくれた塩川さん、白川さん、音楽はもちろんハリバット、イラストでたんごくんに命を吹き込んでくれた Dacci、その他尽力してくださったみなさま、ありがとう!!

そしてこの教材で思い出されるのはやはり、バンクーバー時代の 99 Instituteの面々。ほとんど経験のなかった自分を雇ってくれた田中さん、尊敬すべき同僚のMomose先生、Yoshi先生、Natelie、Kyle、Chris、Alice、Kazu先生、えーととにかくおれの教師人生を象ってくれたたくさんの人にいろいろ感謝です!!!
RK English Schoolの同僚にも、支えてくれている家族にも友人にも、この本を読んでくれたあなたにも、感謝のみ！　単語は繋がり、人生も繋がり。サンキュー単語王っ！

リチャード川口

TOEIC® L&Rテスト単語王

発行日　2020年 11月25日　初版

著　者　リチャード川口
編　集　株式会社アルク出版編集部
英文作成協力　Ross Tulloch（TOEIC形式問題）
ナレーション　リチャード川口、高木礼子（たんごくん）
音声編集・BGM　矢代直輝（Yashirock Music）
http://yashirockmusic.com/
ナレーション収録・編集　高速録音株式会社
イラスト　Dacci
写真撮影・提供・加工　田村 充、Romolo Tavani@123RF.COM（pp.2-3背景）
株式会社　大森動画工房（カバー写真加工）
校正　Peter Branscombe、Margaret Stalker、大塚智美
デザイン　和全（Studio Wazen）
デザイン協力　大村麻紀子
DTP　朝日メディアインターナショナル株式会社
印刷・製本　図書印刷株式会社

発行者　天野智之
発行所　株式会社アルク
〒102-0073　東京都千代田区九段北 4-2-6 市ヶ谷ビル
Website: https://www.alc.co.jp/

PC：7020066　ISBN：978-4-7574-3655-8